Who Moved My Cheese?
チーズはどこへ消えた?

スペンサー・ジョンソン
Spencer Johnson, M.D.
門田美鈴㊦訳

扶桑社

友人ケネス・ブランチャード博士に捧ぐ

彼がこの物語は素晴らしいと熱心にすすめてくれたおかげで
この本を書きあげることができたうえ、
そのお力添えで多くの人々に読んでいただくことができました。

ネズミでも人間の場合でも、非常によくできた目論見がはずれることがしばしばある

ロバート・バーンズ（一七五九－一七九六年）

人生は、自由に何のじゃまものもなく歩めるような、
まっすぐで楽な廊下ではなく、
通る者にとっては迷路で、
自分で道をみつけねばならず、
道に迷い、わけがわからなくなり、ときには
袋小路につきあたることもある。

しかし、信念があれば、
かならずや道は開ける。
思っていたような道ではないかもしれないが、
やがてはよかったとわかる道が。

A・J・クローニン

私たちみんなが持っているもの――単純さと複雑さ

この物語に登場するのは、
二匹のネズミ、「スニッフ」と「スカリー」と
二人の小人、「ヘム」と「ホー」。
この二匹と二人は、私たちの中にある単純さと複雑さを象徴している。

私たちは、
スニッフのように、いち早くチャンスをかぎつけることもあるし、
スカリーのように、すぐさま行動を起こすこともあるし、
ヘムのように、いっそうまずいことになりやしないかと怯えて、
　変化を認めず、変化にさからうこともあるし、
ホーのように、もっといいことがあるに違いないと、
　うまく変化の波に乗ろうとすることもある。

どのような行動をとろうと、
私たちみんなに共通していることがある。
迷路の中で、自分の道をみつけ、
時代の変化の中で、望みを成就せねばならないということだ。

ケネス・ブランチャード博士による裏話

この『チーズはどこへ消えた?』の裏話を書きながら、私はいま胸おどる思いをしている。本書がようやく形になろうとしているからで、これは、誰もが楽しく読めて、人にも話したくなるような本なのだ。

スペンサー・ジョンソンからこのすばらしい「チーズ」の話を聞いたのは、もう何年も前、彼と共著で『一分間マネジャー』を書く前のことだ。以来、私はずっと本ができるのを待ち望んでいた。

そのときから、これはすばらしい話で、私自身、大いにためになるに違いないと思っていたのだ。

『チーズはどこへ消えた？』は、ある迷路で起こった出来事をめぐる物語で、登場人物は「チーズ」を探しもとめる二匹と二人。このチーズは、私たちが人生で求めるもの、つまり、仕事、家族や恋人、お金、大きな家、自由、健康、人に認められること、心の平安、さらにはジョギングやゴルフでもいいのだが、そういうものを象徴している。

私たちはみな、自分にとってのチーズを心にいだいており、それが手に入れば幸せになれると信じて追いもとめる。手に入るとそれに執着し、なくしたり奪われたりすると大きなショックを受けかねない。

また、「迷路」は、チーズを追いもとめる場所を表しており、会社や地域社会かもしれないし、家庭かもしれない。

このチーズの物語は世界中で読まれるだろうし、のちのち人々に大きな影響を与えたことがわかるだろう。

あなたが信じようと信じまいと、このささやかな物語には仕事や結婚生活、暮らしを守る力があるのだ！

事実、そのいい例がNBCテレビの人気キャスター、チャーリー・ジョーンズの場合で、彼自身、『チーズはどこへ消えた？』の物語を耳にしたおかげで職を失わずにすんだ、と告白している。キャスターという仕事は特殊だが、彼が得た教訓は誰にでもあてはまるものである。

それはこういうことだ。チャーリーは仕事熱心で、オリンピックで陸上競技の放送をするという重要な仕事もやっていたから、上司から次のオリンピックでは陸上競技という花形競技から、水泳と飛び込み競技の担当に変えると告げられたときは、驚き、動揺した。

水泳や飛び込み競技のことをよく知らなかった彼は、悩んだ。自分が評価されていないように感じて、腹も立った。なんでこんな扱いを受けなくちゃならないんだ！　その怒りはすることなすことすべてに影を落とした。

そんなとき、この物語を聞いたのだ。

彼は悩んでいたことがばかばかしくなり、気持ちも変わった。まさに上司に「自分のチーズをもっていかれた」ということなのだ、と悟ったのだ。彼は気を取りなおすと、水泳と飛び込み競技について勉強し、そのうち新しいことに取り組んでいると若々しい気分でいられるとわかった。

まもなく上司もチャーリーの変わりようと精力的な仕事ぶりに気づき、やがてもっといい仕事を任せてくれた。その後いっそうの成功をおさめ、のちにプロフットボールの栄誉殿堂入り（放送関係者部門）を果たしたのである。

これはほんの一例で、ほかにもこの物語が仕事から愛情生活まで人々にさまざまな影響を与えたという話を数多く聞いている。

私は『チーズはどこへ消えた？』の物語がもつ力を確信しているので、最近、まだ本になる前の原稿をコピーして、わが社の社員全員（二百人以上）に配った。なぜか？

将来に生き残るだけでなく競争力を維持したいと考える企業なら当然のことだが、わがケン・ブランチャード・カンパニーズもたえまなく変化しているからである。私たちの「チーズ」はつねにどこかへもっていかれ、消えている。これまでは忠実な社員がいればよかったかもしれないが、いまは「従来の物事のやり方」に固執しない柔軟な人材が必要なのだ。

それに、当然ながら、仕事や生活でたえまない変化の波にさらされて生きていると、ストレスが多い。だが、変化をどうとらえ理解すればいいか、その方法を会得していれば話は別だ。このチーズの物語を読んでみるといい。

私は部下たちにこの物語を教えたが、読んでみた人のほとんどが、悲観的な見方をしそうになっていたのが変わったという。あらゆる部署の人たちが次々と私のところに来て、あの本を教えてもらってよかった、おかげでわが社で起きている変化を新たな目で見ることができるようになった、と言った。この短い寓話《ぐうわ》は簡単に読めるが、その影響は甚大である。

ページをくってみればわかるが、本書は三つの部分からなっている。最初は「ある集まり」の場面で、かつてクラスメートだった人たちがクラス会で、それぞれ自分の生活に起きた変化をどう受けとめているか話している。二番めは「チーズはどこへ消えた?」の物語で、本書の中心部分。

物語では、ネズミたちは単純な物の見方をするために変化に直面したときうまく対処しているが、小人たちのほうは複雑な頭脳と人間らしい感情のために物事を複雑にしていることがわかるだろう。これはネズミのほうが利口だということではない。もちろん人間のほうが頭がいいにきまっている。

だが、二匹と二人のすることを見、ネズミも人間も私たち自身がもっている面――単純さと複雑さ――を象徴していることに気づけば、物事が変化しているときは単純なやり方をしたほうがいいということがわかるだろう。

三番めは「ディスカッション」の場面で、クラスメートたちがこの物語をどう読んだか、自分の仕事や生活にそれをどう生かすかを話し合っている。

わが社の社員の中には、物語のところまで読んで、自分なりにその意味を解釈したという者もいれば、最後のディスカッションの場面まで読み、物語から得た教訓を自分の状況にどう応用すればいいか、そのヒントにしたという者もいた。

いずれにせよ、私もそうだが、本書を繰り返し読んでほしい。そのたびに新しくかつ有益なものを見いだすはずだし、それによって変化に対応し、どのようなものであれ自分にとっての成功をおさめてほしいと思う。

みなさんが楽しみながら何かを見いだしてほしいと思うし、うまくいくよう願っている。覚えておいてほしい、チーズと一緒に前進することを！

ケネス・ブランチャード
一九九八年、サンディエゴにて

ある集まり

シカゴで

シカゴのある晴れた日曜日、かつてクラスメートだった人たち数人が昼食に集まっていた。前夜、高校のクラス会に出た面々なのだが、お互いの暮らしぶりをもっと聞きたいということになったのだ。さんざん軽口を言い合い、おいしい食事をとったあと、興味深い話し合いになった。

クラスの人気者だったアンジェラが言った。「人生って、高校のとき思っていたようにはいかないものね。まったく違うものになってしまって」

「確かにね」ネイサンも言った。彼が家業を継ぎ、事業は順調でずっと地域社会を担ってきたことを知っていたので、彼の気づかわしげな様子にみんなは驚いた。彼は言った。

「だけど、状況は変化しているのに自分は変わろうとしていないのかもしれないな。そう思ったことはない？」

カーロスが言った。「変わろうとしないのは、変わるのが怖いからじゃないかな」

「カーロス、あなたはフットボール・チームのキャプテンだったのよ」ジェシカが言った。「怖いなんて言葉を聞くとは思わなかったわ！」

みんな笑った。自営業者から会社の経営者まで、進む道はそれぞれ違ったが、いま気持ちは一つになっていた。

全員がそれぞれ、ここ数年の思いがけない変化に何とか対処しようとしていた。が、ほとんどの人が、どうすればいいのかわからないでいると告白した。

やがてマイケルが言った。「僕も変わるのが怖かったよ。仕事で大きなチャンスが訪れたんだが、どうしていいかわからなかった。そうやって何もやり方を変えないでいたもんだから、チャンスもほとんどものにできなかった。

それが――」彼はつづけた。「ちょっと面白い物語を聞いて、すべてが変わったんだ」

「どんなふうに？」ネイサンが聞いた。

「その物語のおかげで、変化に対する見方が変わったんだ――変化とは、何かを失うことだと思っていたのが、何かを得ることなのだ、とね。そのためにはどうすればいいかということも教えられたよ。それで、たちまち物事がうまくいくようになったんだ、仕事でも生活でも。

最初は、みるからに単純な話なのでいらいらしてさ。小学校で聞かされるような話だったから。

そのうち僕は、その単純なことがわかっていなかったこと、物事の変化に対して効果的な手が打てないでいることにいらだっているんだ、ということがわかった。

物語に登場する四つのキャラクターは、僕ら自身がもっているいろいろな面を象徴しているんだが、それを納得するとともにどのキャラクターのようになりたいかがわかった。そして僕は変わったんだ。

会社の人たちにもこの物語のことを話したら、その人たちがまたほかの人に伝えた。それでビジネスがずいぶん好転した。変化にうまく対応できたおかげでね。私生活でも役立ったと言う人がたくさんいるよ。

もっとも、何も得られなかったという人もいるけどね。そういう人はそこに示されている教訓がわかっていて、すでにそれを身につけている人か、もっと多いのは、自分は何もかもわかっているから何も学ぶことなどないと思っている人だ。彼らにはどうしてその物語がそんなに多くの人にプラスになっているのか理解できなかったんだよ。

重役の一人に変化に順応できないでいる人がいるんだが、彼がこの物語は時間のむだだと言ったとき、みんなは、あなたのような人も物語に出てくるよ、と言って笑ったよ。新しいことを何も学ばず、変わろうとしない人って意味なんだがね」

「それ、どんな物語なの？」アンジェラが聞いた。

「『チーズはどこへ消えた？』というんだ」

みんな笑った。「面白そうだね」カーロスが言った。「それ、話してくれるかい？　僕らも何か得ることができそうだ」

「いいよ」マイケルはうなずいた。「喜んで。そう長い話じゃないんだ」そして、彼は話しはじめた。

物語

チーズはどこへ消えた?

昔、ある遠い国に、二匹のネズミと二人の小人が住んでいた。彼らはいつも迷路でチーズを探しまわっていた。食料にするためと、幸せになるためだ。

二匹のネズミは、「スニッフ」と「スカリー」という名前。小人はネズミと同じくらい小さく、見かけも行動も私たちにそっくりで、名前は「ヘム」と「ホー」だ。

彼らはとても小さいので、何をしているのかわからないだろう。でも、よく注意して見れば、本当にびっくりするようなことに気づくはずだ！

ネズミと小人は毎日、自分たちの特別なチーズをみつけようと、長いこと迷路を探しまわった。

なにしろスニッフとスカリーはネズミだから単純な頭脳しかもっていなかったが、すぐれた本能があり、大好きなガリガリかじれる固いチーズを探していた。

小人のヘムとホーはいろいろな考えがいっぱい詰まった頭を使って、まったく別のチーズ——真のチーズ——をみつけようとしていた。みつけられれば幸せになり、成功を味わうことができると信じていたのだ。

このようにネズミと小人は違っていたが、同じところもあった。毎朝、みんなジョギング・ウエアとランニング・シューズを身につけ、小さな自宅を出ると、好みのチーズを探しに迷路へ急いだ。

その迷路はいくつもの通路と部屋からなる迷宮で、どこかに美味なチーズがあった。しかし、暗がりや袋小路もあって、すぐに道に迷ってしまいかねない。

それでも、迷路にはいい暮らしができるようになるチーズが隠されていて、そこにたどりつくことさえできればチーズが手に入るのだ。

ネズミのスニッフとスカリーは、単純で非能率的な方法、つまり試行錯誤を繰り返しながらチーズを探した。ある通路を進んでいって何もなければ、引き返して今度は別の通路を探す。そして何もなかった通路は覚えておいて、つねに新しいところへ進んだのだ。

スニッフはよく利《き》く鼻でチーズのある場所をかぎつけようとし、スカリーのほうはひたすら突き進む。案の定、二匹は道に迷い、袋小路に突き当たることもしばしばだった。それでも、そのうち道をみつけて進んでいった。

一方、小人のヘムとホーも過去の経験から得た教訓と思考による方法をとっていたが、複雑な頭脳にたより、もっと高度な方法をつくりあげた。

二人はうまくいくときもあったが、強力な人間の信念と感情がものの見方を鈍らせてしまうこともあった。そのため迷路の中で生きるのがいっそう複雑で難しいものになった。

それでも、スニッフとスカリーも、ヘムとホーも、とうとうそれぞれ自分たちのやり方で、探していたものをみつけた。ある日、チーズ・ステーションCの通路の端で、好みのチーズを発見したのだ。

それからは毎朝、ネズミも小人もチーズ・ステーションCに向かった。まもなくそれぞれの日課ができあがった。

スニッフとスカリーは毎日、早起きをして迷路へ急いだ。いつも通るのは同じ道。目的地につくと、ランニング・シューズを脱いで両方のひもを結び、首にかける——いつでもすぐ履けるように。それから、チーズにとりかかる。

ヘムとホーも初めは毎朝、チーズ・ステーションCに急ぎ、新しい美味なごちそうに舌つづみを打った。

ところがしばらくすると、二人の日課が変わった。

少し遅く起き、ゆっくり服を着て、歩いてチーズ・ステーションCに向かうようになったのだ。どのみちチーズがある場所も行く道もわかっているのだ。

チーズがどこから来るのか、誰が置いていくのかはわからなかった。ただそこにあるのが当然のことになっていた。

ヘムとホーは毎朝、チーズ・ステーションCにつくと、腰を落ち着け、くつろいだ。ジョギング・ウエアを壁にかけ、ランニング・シューズを脱いでスリッパに履きかえる。チーズがみつかったので、すっかり気が楽になっていた。

「まったくすばらしい」ヘムは言った。「これだけあればずっと大丈夫だ」小人たちは幸せになり、うまくいったことを喜び、自分たちは安泰だと思った。

まもなくヘムとホーは、そのチーズを自分たちのものだと考えるようになった。チーズは大量にあったので、ついに二人は近くに引っ越し、そこで社会生活を築いた。

二人はもっと落ち着いた気持ちになりたいと思い、壁に格言を書き、そのうえチーズの絵まで描いて楽しんだ。格言はこうだ――

チーズを手に入れれば
幸せになれる

二人はチーズ・ステーションCに友達をつれていくこともあった。山のようなチーズを見せ、指さして誇らしげに言ったものだ。「すごいチーズだろう、どうだい？」友達に分けてやるときもあり、やらないときもあった。

「ぼくらはそれだけのことをしたんだ」ヘムは言った。「実際、長いこと勤勉に働いたし、これをみつけるのは大変だったもの」そうして、新鮮でおいしいチーズを一切れつまみ、口に運んだ。

それから彼はいつものように、眠りに落ちた。

二人は毎晩、チーズをおなかいっぱい食べてよたよたしながら家路につき、毎朝、自信満々で、きょうはもっとたくさん食べようと思いながらチーズのところに戻っていった。

こうした日々がかなりつづいた。

やがて二人は慢心するようになった。安心しきって、知らないうちに何かが進行していることに気づきもしなかった。

一方、スニッフとスカリーの日課は変わらなかった。毎朝、チーズ・ステーションCにつくと、あたりの匂いをかぎ、ひっかき、走りまわって、何か前日と変わったことはないか調べた。それから腰をおろして、チーズをかじった。

ところが、ある朝、行ってみると、チーズがなくなっていた。

二匹は驚かなかった。置いてあるチーズが毎日、だんだん少なくなっているのに気づいていたので、いずれなくなるだろうと覚悟していたし、どうすればいいかは本能でわかっていたのだ。

彼らは顔を見合わせると、一つに結んで首にかけていたランニング・シューズをとり、履いて紐を結んだ。

ネズミたちは事態をくわしく分析したりはしなかった。

彼らにとっては、問題も答えもはっきりしていた。チーズ・ステーションCの状況が変わったのだ。だから、自分たちも変わることにした。

二匹は迷路を見渡した。それから、スニッフが鼻をあげて匂いをかぎ、うなずいてみせると、スカリーが走りだした。スニッフも急いであとを追った。

新しいチーズを探しに出かけたのである。

同じ日、ヘムとホーはのんびりとチーズ・ステーションCにやってきた。二人は、毎日小さな変化が起きていることに注意を払わなかったから、いつもどおりチーズがあるものと思っていた。

二人には青天の霹靂《へきれき》だった。

「なんてことだ！ チーズがないじゃないか」ヘムは叫んだ。「チーズがないじゃないか。チーズがないぞ」そう言えばチーズが戻ってくるとでも思っているのか、大声でわめいた。

「チーズはどこへ消えた？」彼は声をあげた。

やがて、腰に手をあてると、顔を紅潮させ、声を張り上げて叫んだ。「こんなことがあっていいわけはない！」

ホーは信じられないというふうに、ただ頭を振るだけだった。彼もチーズがあるものと思いこんでいたのだ。ショックで凍りついたまま、彼は立ちつくしていた。こんなことになるとは思ってもいなかった。

ヘムが何かわめいていたが、ホーは耳をふさぎたかった。事態をどうにかしようという気にもなれず、すべてに目をふさぎたかった。

二人のふるまいはあまり感心できるものではなく、前向きでもなかったが、無理もないことだった。

チーズをみつけるのは簡単ではなかったし、二人にとっては毎日食べるチーズがあるということ以上の意味があった。

チーズをみつけることは、幸せになるのに必要なものを手に入れることだった。彼らなりにチーズに対する考え方があった。

チーズをみつけることは、物質的に豊かになることだという人もいた。健康を享受することだという人もいれば、精神的な充実感を得ることだという人もいた。

ホーにとっては、安心していられることであり、いつか愛する家族をもつことであり、チェダー通りの居心地のいい家に住むことだった。

ヘムにとっては、人の上に立つ有力者になることであり、カマンベール丘の上に邸宅をかまえることだった。

二人にとってチーズは重要だったから、これからどうすればいいか決めるのに長い時間がかかった。しかし、考えついたのは、チーズ・ステーションCをよく調べて本当にチーズがなくなったのかどうか確かめることだけだった。

スニッフとスカリーはすぐさま次のチーズを探しにかかったのに、ヘムとホーはうろう《ヘム・アン》ろ《ド・ホー》するばかりだった。

二人は、ひどいめにあわされたと、しきりにわめき散らした。そのうちホーは憂鬱《ゆううつ》になってきた。あしたもチーズがなかったら、どうなるだろう？　あのチーズをもとにして将来設計をしていたのに。

二人は事態が信じられなかった。どうしてこんなことになったのだろう？　誰も注意してくれなかった。こんなこと、おかしい。こんなことになるわけがない。

その夜、ヘムとホーはすきっ腹をかかえ、意気消沈して家に帰った。その前に、ホーは壁にこう書いた――

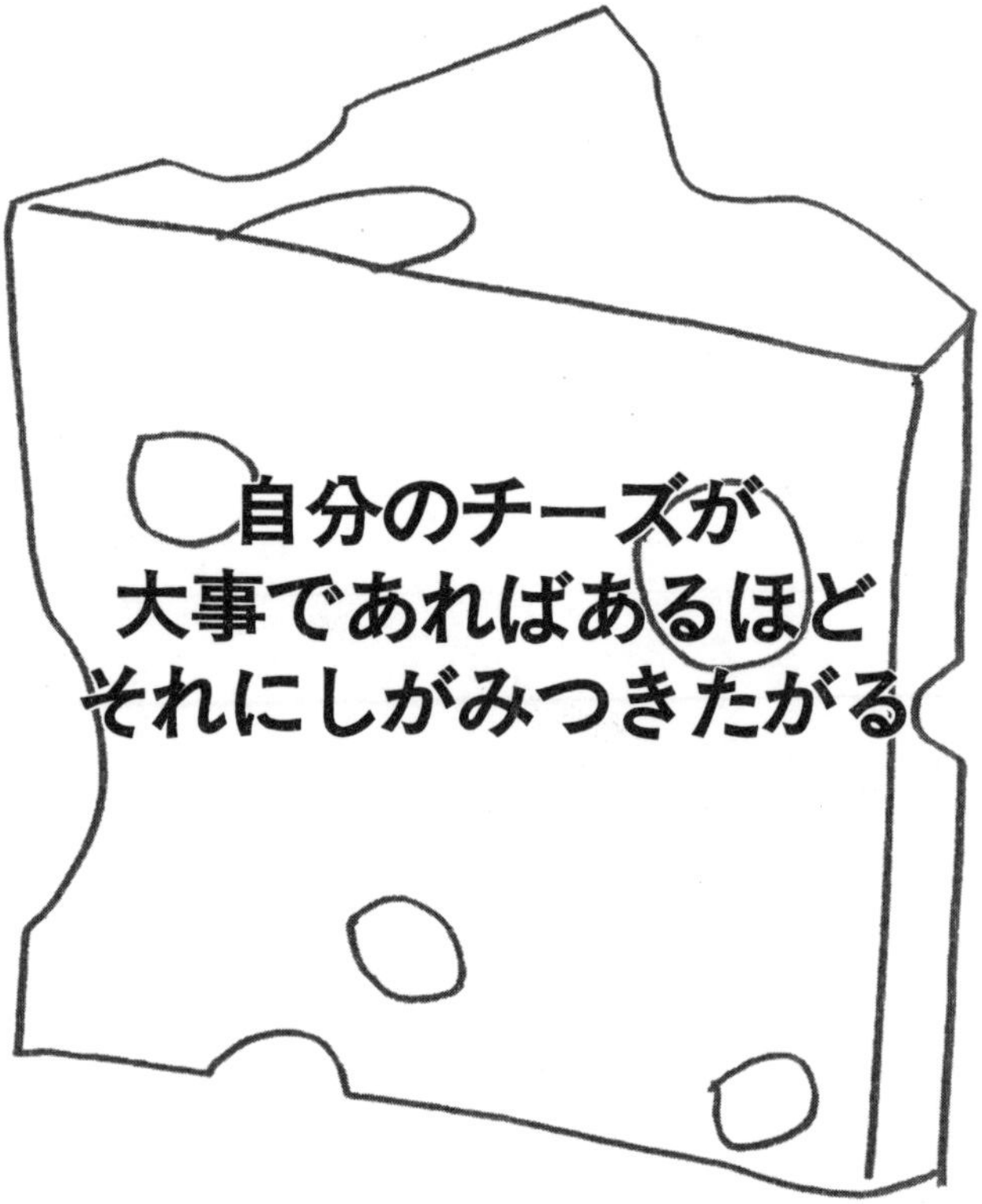

自分のチーズが
大事であればあるほど
それにしがみつきたがる

翌日、二人は家を出て再びチーズ・ステーションCに行った。あのチーズがあるかもしれないと、まだ期待していたのだ。

事態は変わっていなかった。チーズはなかった。二人は途方にくれ、まるで銅像のようにただ突っ立っていた。

ホーはぎゅっと目をつぶり、両手で耳をふさいだ。何もかもいやになった。チーズがだんだん少なくなっていたなんて思いたくない。そうだ、突然、どこかへもっていかれて消えたのだ。

ヘムは繰り返し事態を分析してみた結果、ついに巨大な思考システムをもつ複雑な頭脳ができあがった。「どうしてこんなめにあうんだ?」彼は問いかけた。「実際は何が起こっているんだろう?」

ようやくホーが目を開け、周囲を見まわして言った。「それはそうと、スニッフとスカリーはどこにいったんだろう? あいつら、われわれの知らないことを知ってるんじゃないだろうか?」

ヘムはあざ笑った。「何を知ってるというんだ?」

彼はつづけた。「あいつら、ただの単純なネズミじゃないか。状況に反応しているだけだ。われわれは小人だぞ。ネズミなんかより利口だ。この事態を解明できるはずだ」

「確かにわれわれのほうが利口だよ」ホーが言った。「でも、いまのところあまり利口なことをやってないようだ。事態は変化しているんだよ、ヘム。われわれも変わって、違ったやり方をしなけりゃならないんじゃないか」

「どうして変わらなきゃならないんだ？」とヘム。「われわれは小人だぞ。特別なんだ。こんなことがあっていいわけはない。少なくとも何か得することがなくちゃならない」

「どうして？」ホーが聞いた。

「われわれには権利がある」ヘムはきっぱり言った。

「何に対する権利？」

「われわれのチーズにだよ」

「どうして？」

「この事態はわれわれのせいじゃないからだ。誰かほかの者のせいなんだから、われわれはこうなったことで何かもらうべきだ」

ホーが提案した。「もうあれこれ事態を分析するのはやめて、見切りをつけて新しいチーズをみつけたほうがいいと思うんだが」

「だめだ」ヘムは言い張った。「なんとしても真相を究明するんだ」

ヘムとホーがなおもどうすればいいか相談している間に、スニッフとスカリーは着々と作業を進めていた。二匹は迷路の奥まで入りこみ、通路を行ったり来たりして、みつけられるかぎりのチーズ・ステーションでチーズを探した。

新しいチーズをみつけることしか頭になかった。

しばらくは何もみつけられなかったが、やがてこれまで行ったことのなかったエリアに入っていった。チーズ・ステーションNである。

二匹は歓声をあげた。探していたものをみつけたのだ。大量の新しいチーズを。

自分の目が信じられないくらいだった。見たこともないほどの大量のチーズだ。

一方、ヘムとホーは相変わらずチーズ・ステーションCで事態を検討していた。チーズがなくなったいま、どんな影響が出るか不安だった。二人は失望し、腹を立て、互いに相手をなじった。

ホーはときどきネズミたちのことを考え、彼らのところにはまだチーズがあるのだろうかと思った。彼らも厳しい事態になって、あてもなく迷路を走りまわっているのかもしれない。でも、それもやがては好転するに違いない。

スニッフとスカリーが新しいチーズをみつけ、たらふく食べているのではないかと思うこともあった。自分も迷路へ冒険に出かけ、新鮮な新しいチーズをみつけられたらどんなにいいだろう。そのときのことが目に見えるようだ。

新しいチーズをみつけて味わっているところを想像するにつけ、ホーは、チーズ・ステーションCを離れなければと思った。

「出かけよう!」ふいに、彼は叫んだ。

「だめだ」ヘムはすぐさま答えた。「ここがいいんだ。居心地がいい。ここのことなら、よくわかっている。ほかのところは危険だ」

「そんなことはないよ」ホーは言った。「以前、迷路の中をずいぶんあちこちへ行ってみたじゃないか。もう一度行ってみようよ」

「もうそんな元気はないよ。それに、道に迷ったりバカなまねをするのを面白がることはできないんじゃないかと思う。そうじゃないかい？」

そう言われると、ホーも、しくじるのではないかという不安がよみがえり、新しいチーズをみつける希望もしぼんだ。

二人は毎日、相変わらず同じことをしつづけた。チーズ・ステーションCに行き、チーズをみつけられないまま、不安と失望をかかえて家に帰った。

事態を無視しようとしてみたが、だんだん寝つきが悪くなり、元気もなくなり、苛立ちがつのっていった。

自宅は英気を養う場所ではなくなった。よく眠れなくなり、二度とチーズをみつけることはできないのではないかという悪夢に悩まされた。

それでも、ヘムとホーは毎日チーズ・ステーションCに行き、待ちつづけた。

ヘムが言った。「もうちょっとがんばったらどうかな。きっとあのチーズは近くにあるんだよ。たぶんこの壁の後ろに隠してあるんだ」

翌日、二人は道具をもってきた。ヘムはノミを、ホーはハンマーをふるい、壁に穴を開けた。中をのぞきこんだが、チーズはなかった。

二人はがっかりしたが、あきらめなかった。朝早くから作業にとりかかり、遅くまでがんばった。しかし、穴が大きくなっただけだった。

ホーは、勤勉に働いても成果があがるとは限らないことがわかってきた。

「たぶん」ヘムが言った。「腰を下ろして、事態を見守っていたほうがいいんじゃないかな。いずれチーズは戻ってくるはずだ」

ホーもそう思いたかった。それで、毎日、休息をとるために帰宅しては、またしぶしぶチーズ・ステーションCに戻った。だが、チーズはいっこうに現れなかった。

二人は空腹とストレスでどんどん弱っていった。ホーは事態が好転するのをただ待っているのがいやになってきた。チーズがない状態が長引けばそれだけ事態が悪化することがわかってきた。

ホーは自分たちがどんどん不利になっていくのを悟った。

ついにある日、自分をあざ笑いたくなった。「ホー、おまえは何をしてるんだ。繰り返し同じことしかしないでおいて、事態が好転しないのを不思議がるなんて。ほんとにどうかしている」

だが、もう一度迷路を走りまわるのは気が進まなかった。きっと道に迷ってしまうだろうし、どこにチーズがあるか皆目見当がつかなかったから。しかし、そんな不安から二の足を踏んでいると思うと、自分の愚かさをあざ笑いたくなった。

彼はヘムに聞いた。「ランニング・シューズはどこにやったんだったかな？」みつけるのにずいぶん時間がかかった。あのチーズをみつけたときに何もかも片づけてしまい、そんなものがまた必要になるとは思ってもいなかったのだ。

彼がランニングのしたくをしているのを見て、ヘムが言った。「本当にまた迷路に出かけるつもりなのか？　なぜチーズが戻ってくるのを待たないんだ？」

「戻ってはこないからだよ」ホーは言った。「そうは思いたくなかったけれど、もうあの古いチーズが戻ってくることはないってことがやっとわかったんだ。あれはもう過去のものだ。新しいチーズをみつけるべきなんだよ」

ヘムが問いただした。「だけど、もしチーズがなかったらどうするんだ？　あったとしても、みつけられなかったら？」

「わからない」とホー。それは彼自身、何度も自問したことだったし、やっぱり何も変わらないかもしれないという不安が再び頭をもたげた。

彼は自問した。「どっちがいいんだろう――ここにいてチーズが戻ってくるのを待ったほうがいいのか、迷路を探したほうがいいのか？」

彼は想像してみた。笑みを浮かべ、思い切って迷路へ入っていく自分を。

その姿には自分でも驚いたが、気分がよかった。ときには道に迷うだろうが、最後には新しいチーズがみつかるに違いないと思った。そうなれば他にもいろいろといいことが起こるだろう。彼は勇気を奮いおこした。

それから、想像力を働かせて、新しいチーズをみつけて味わっているところを思い描いた。できるだけ現実的で細かいところまで。

穴のあいたスイス・チーズや、明るいオレンジ色のチェダー・チーズやアメリカン・チーズ、イタリアのモッツァレラ・チーズ、とてもやわらかいフランスのカマンベール・チーズなどなどを食べている自分の姿……。

ふいに彼はヘムが何か言っているのに気づき、自分たちがまだチーズ・ステーションCにいることを思い出した。

ホーは言った。「ねえ、ヘム、物事は変わることがあるし、決して同じことにはならない。あのころと一緒だよ、ヘム。それが人生だ！　人生は進んでいく。ぼくらも進まなくてはならない」

ホーはやせ衰えた相棒を見やり、道理を説こうとしたが、ヘムの不安は怒りに変わり、耳を貸そうとしなかった。

ホーは彼をばかにするつもりはなかったが、自分たち二人がどんなに愚かしく見えることかと思うと笑いたくなった。

出かける用意ができると、彼はいっそう元気が出てきた。ようやく自分を笑う余裕ができ、見切りをつけて、先に進むことができるのだ。

彼は笑って宣言した。「いよいよ迷路へ出発だ！」

ヘムは笑わなかったし、何も答えなかった。

ホーは尖った小石を拾うと、ヘムにも考えてほしいと、壁に大事な考えを書きつけた。いつものように、チーズの絵も描いた。ヘムが笑ってくれて、元気を出し、新しいチーズを追い求めるようになってほしかったのだ。しかし、ヘムは見ようともしなかった。

こう書かれていた——

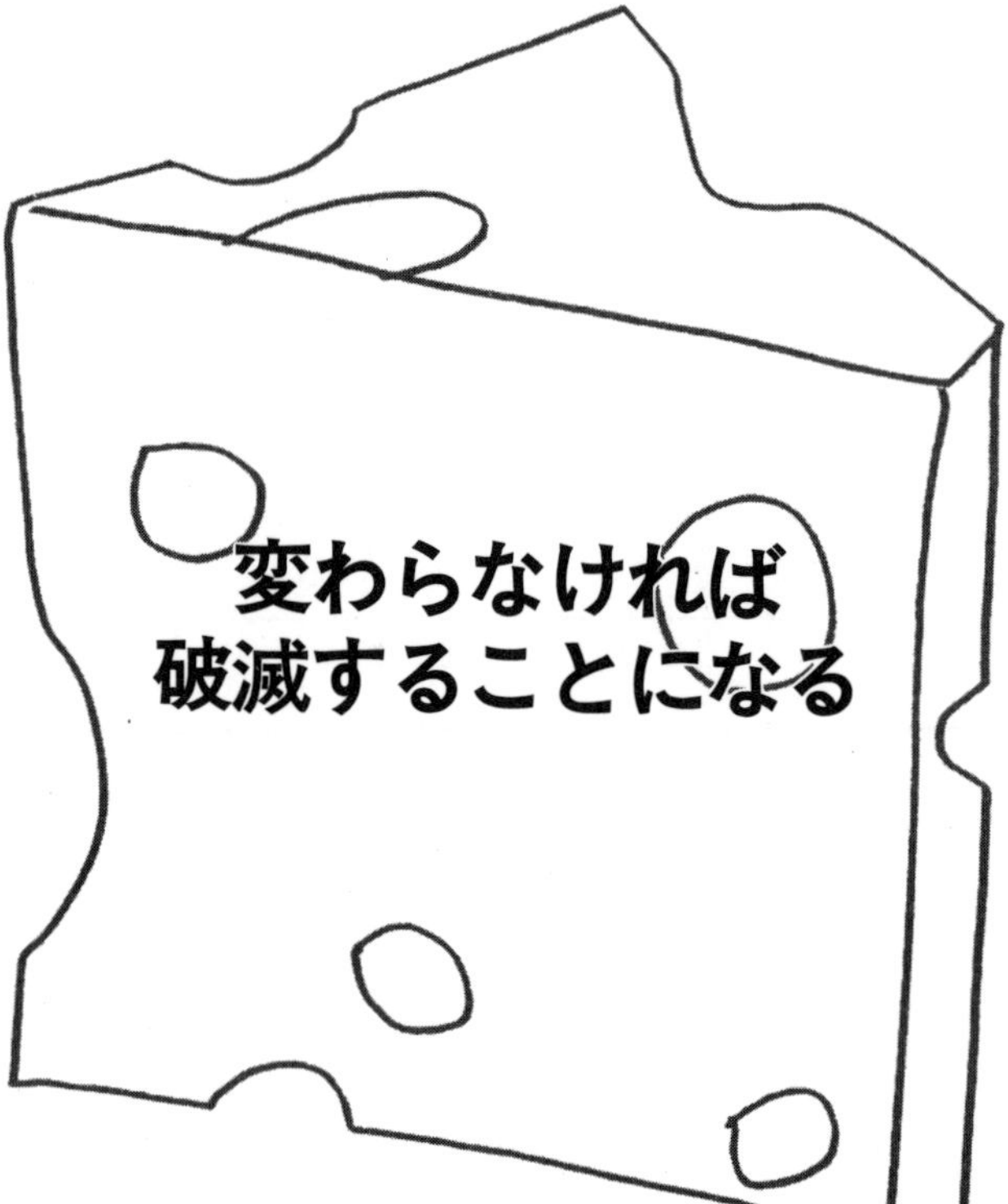
変わらなければ
破滅することになる

それからホーは首を伸ばし、不安げに迷路をのぞいた。いつのまにか自分がチーズのない状態に慣れてしまっていたことに気づいた。

これまで、ほかにチーズはないし、みつけることはできないだろうと思いこんでいた。それが恐ろしくて身動きがとれず、だめになっていたのだ。

ホーは微笑んだ。そして思った――ヘムは「チーズはどこへ消えた?」と考えているが、自分が思うのは「なぜすぐに立ち上がり、チーズを探さなかったんだろう?」ということだ。

迷路に足を踏み出した彼は、いままでいた場所を振り返って思った。あそこは居心地がよかったなあ。なじみのテリトリーに後ろ髪を引かれる。あそこでは結局チーズをみつけることができなかったのに。

彼はいっそう不安になった。本当に自分は迷路に入っていきたいのだろうか。彼は目の前の壁にある言葉を書きつけ、しばらく見つめた――

もし恐怖がなかったら
何をするだろう？

彼は考えてみた。

恐怖が役立つこともある。このままでいたら事態はますます悪化するという恐怖にかられたら、いやでも行動を起こすだろう。だが一方、恐怖のあまり何もできなくなることもある。

彼は右手の方に目をやった。いままで行ったことのない地域で、恐ろしくなった。

深呼吸をすると、右に曲がり、ゆっくりと見知らぬ地域に入っていった。

何とか努力して進んでいこうとしたが、ふいに心配になった。あまりに長いことチーズ・ステーションCで待ちつづけ、その間ずっとチーズがない状態だったので、衰弱してしまっていた。目的を達するには長い時間がかかるだろうし、もっと苦しいこともあるだろう。もし再びチャンスをつかむことができなかったら、すぐになじんだ所を出て、変化に適応しよう。そのほうがずっといいはずだ。

ホーは弱々しい笑みを浮かべて思った。「遅れをとっても、何もしないよりいい」

それから数日間、ホーはあちこちで少しチーズをみつけたが、あまり長持ちしなかった。十分なチーズをみつけてヘムのもとに持ってかえり、彼を出かける気にさせたいと思っていたのだが。

しかし、まだ確信はなかった。迷路が混乱状態になっているのを認めざるをえなかった。すっかり様変わりしたように見えた。

少し前進したと思うと、すぐに迷ってしまう。二歩前進すると一歩後退するといったぐあいだ。進むのはなかなか困難だったが、再びチーズを探し求めるのは恐れていたほど大変ではなかった。

だが、時間がたつにつれ、本当に新しいチーズがみつかるかどうか疑問に思えてきた。食べられる量以上のものを手に入れようとしているのではないか、つまり力に余ることをやろうとしているのではないかという気がした。それから、苦笑した。いまはその食べるものすらないのだ。

彼はくじけそうになるたび、自分に言い聞かせた。いまは望ましい状況ではないが、チーズがないままでいるよりずっといいのだ。なすがままになっているのではなく、自分で何とかしようとしているのだから。

また、こうも言い聞かせた。スニッフとスカリーにできたのなら、私にだってやれるはずだ!

その後振り返ってみて、ホーはあらためて、チーズ・ステーションCのチーズは一夜にして消えてしまったわけではないことを悟った。チーズはどんどん少なくなり、残りもしだいに古びて、もうおいしくなくなっていた。

彼は気づかなかったが、しだいにカビてきていたのかもしれない。それでも、そのまま手をこまねいていることもできただろう。だが、彼はそうしなかったのだ。

いまになってわかるのは、何が起きているのか注意して見ていたら、変化に備えていたら、あんなに驚くことはなかっただろうということだ。きっとスニッフとスカリーはそうしていたのだ。

これからはもっと注意しよう、と彼は思った。変化が起こるのを予想し、変化を求めるのだ。いつ変化が起きるか本能的に感じ取り、それに適応する準備をするのだ。

彼はちょっと立ち止まって休むと、壁にこう書きつけた——

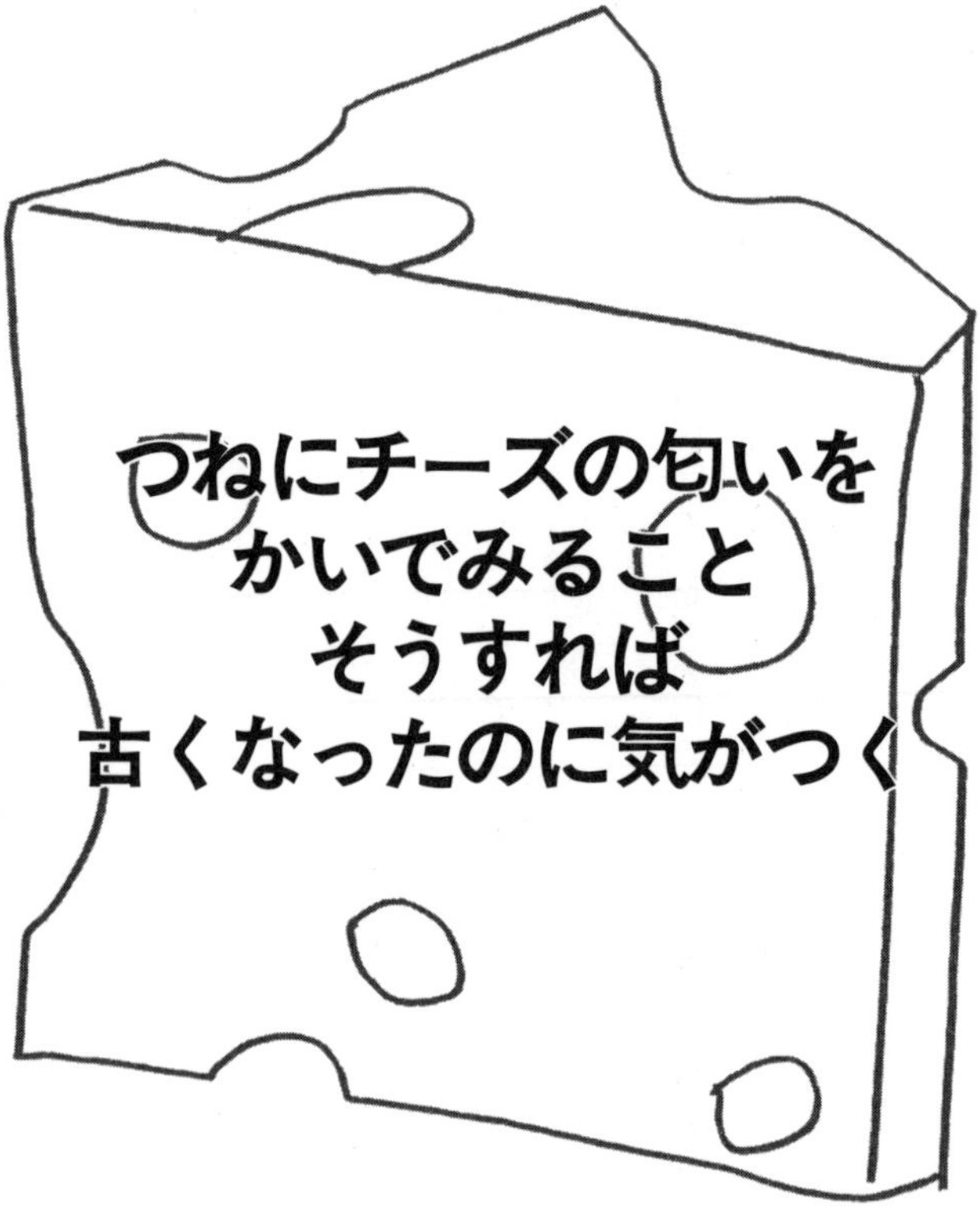
つねにチーズの匂いを
かいでみること
そうすれば
古くなったのに気がつく

長い時間がたったと思うころ、ホーはやっと見込みがありそうな大きなチーズ・ステーションに出くわした。しかし、中に入ってみると空っぽで、ひどく落胆した。

「徒労に終わることばかりだ」彼は思った。もう投げ出したくなった。

だんだん体力もなくなっていた。どうすることもできないまま、生き残ることができないかもしれないと思った。踵《きびす》を返してチーズ・ステーションCに戻ろうか。ヘムがまだあそこにいれば、少なくとも独りぼっちではなくなる。それから、彼はもう一度自問した。

「もし恐怖がなかったら、何をするだろう？」

自分では恐怖を乗り越えたと思っていたが、実際はたびたび恐怖にかられていた。何を恐れているのか必ずしもはっきりしていたわけではないが、衰弱したいま、独りで進むのが怖かった。自覚はしていなかったが、恐怖に負けて人に後れをとっていたのだ。

ヘムは見切りをつけただろうか、それともまだ恐怖に立ちすくんだままだろうかとホーは思った。それから、彼は迷路に踏み出したときの興奮を思い出した。いまこそ先へ進まなければならないのだ。

彼は壁にある文句を書きつけた。相棒のヘムのために目印になればいいと思うとともに、自分への戒めにもしたかった——

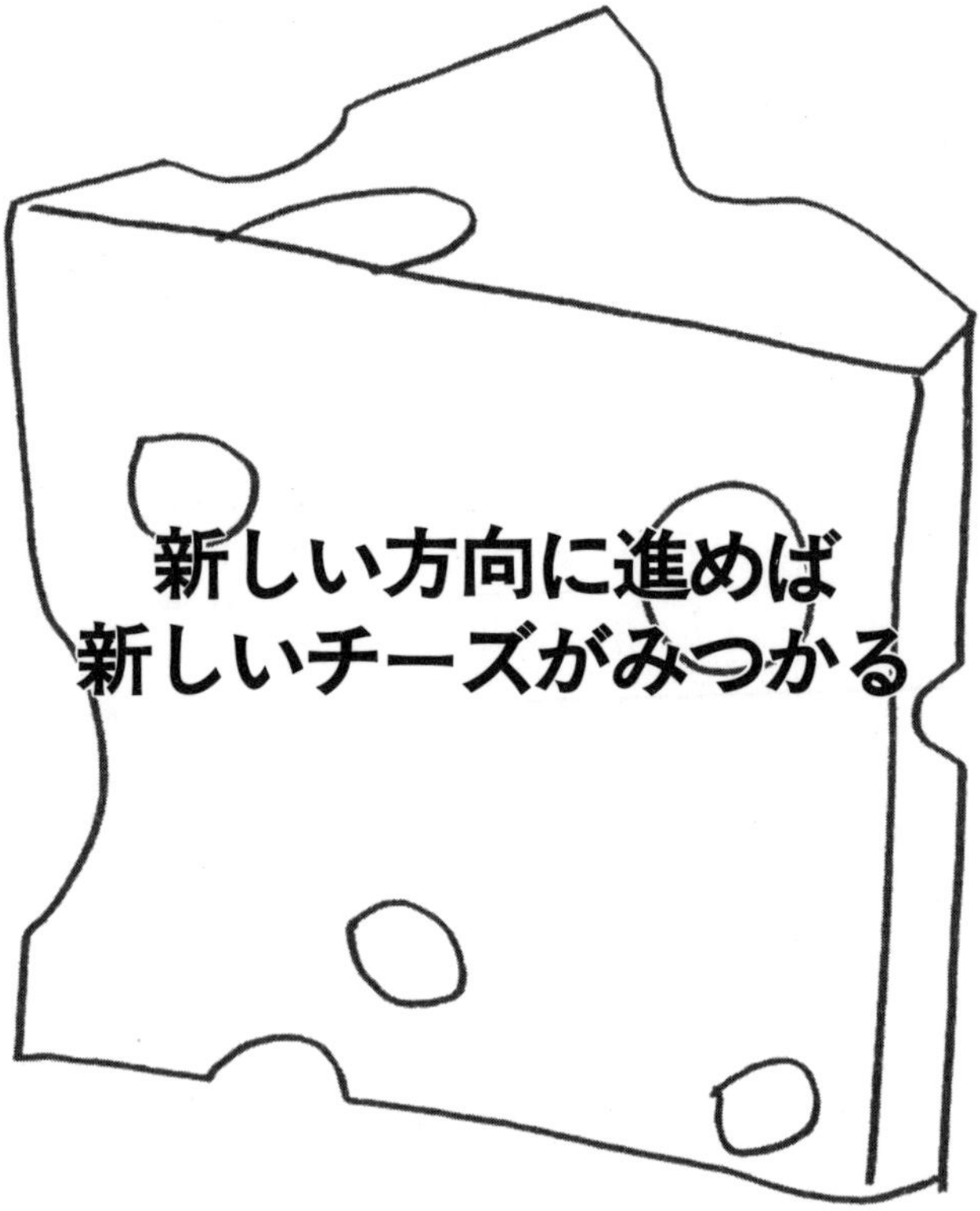

新しい方向に進めば
新しいチーズがみつかる

ホーはその暗い小路を見やり、恐怖を感じた。先に何があるのだろう？　何もないのか？　それどころか、危険が待ちかまえているのではないか？　ありとあらゆる恐ろしいことが頭に浮かんだ。死ぬほど怖かった。

それから、彼は苦笑した。恐怖のせいで悪いほうに考えるのだと思った。そこで、もし恐怖がなければすることをした。新しい方向に進んだのである。

暗い小路に飛びこんでいったとき、彼は笑みを浮かべていた。自分では気づいていなかったが、心を満たしてくれるものを見いだしたのだ。足の向くままに進みながら、先に何かがあることを確信していた。それが何かははっきりとはわからなかったが。

自分でも意外だったが、ホーはどんどん愉快な気持ちになっていった。「どうしてこんなに気分がいいんだろう？　チーズも持っていないし、どこに向かっているかもわからないのに」

まもなく、気分のいい理由がわかった。

立ち止まって、壁にこう書きつけた――

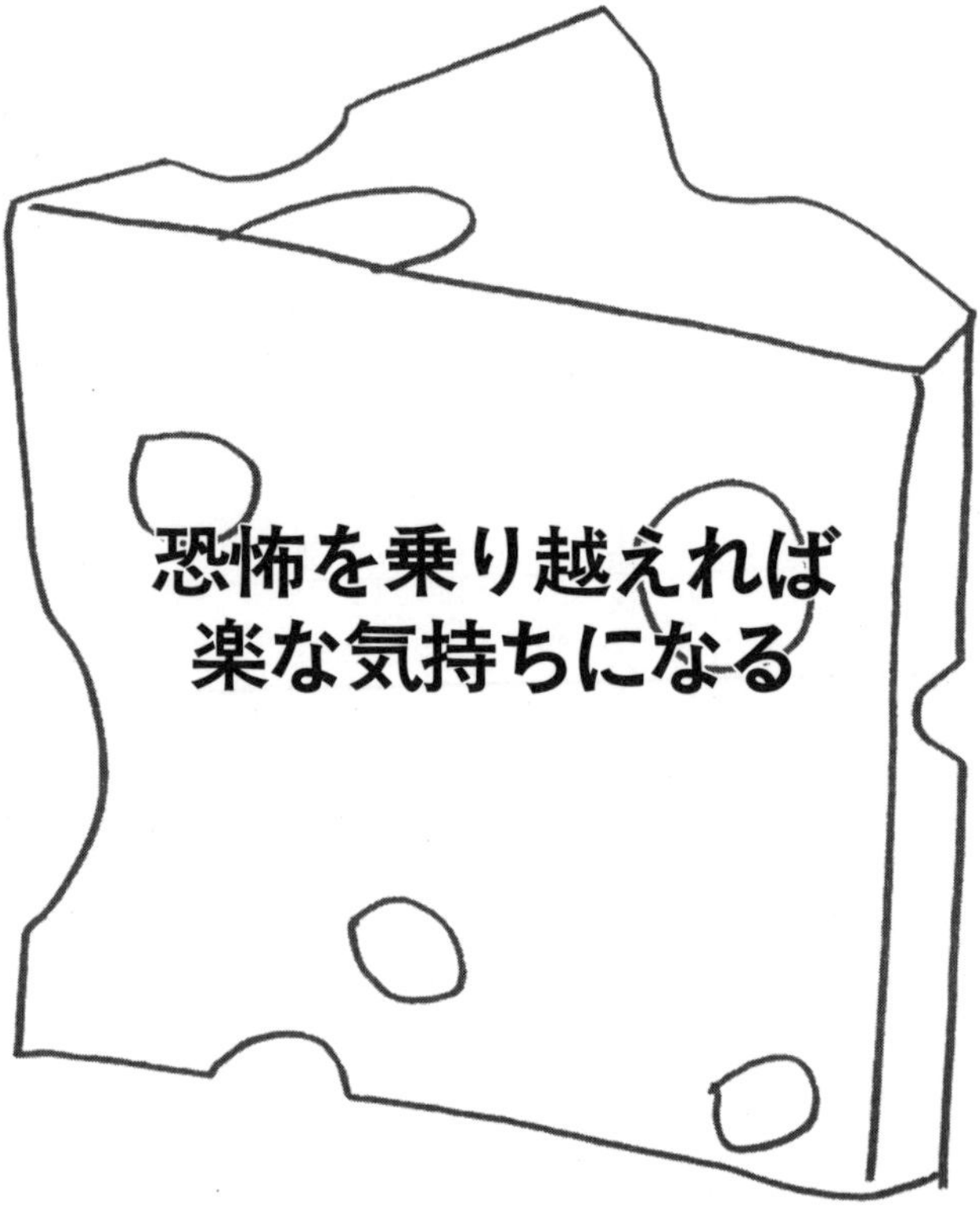
恐怖を乗り越えれば
楽な気持ちになる

ホーは恐怖に捕らわれていたのを悟った。新しい方向に踏み出したことで、解放されたのだ。

そこには爽《さわ》やかな風が吹いていて、爽快な気分になった。何度か深呼吸をすると、元気が出てきた。恐怖がなくなると、想像以上に楽しくなるのがわかる。

長いことこんな気分になったことがなかった。こういう楽しさを忘れかけていた。

事態がいっそうよくなるように、ホーはもう一度、心の中でイメージした。チェダーからブリーまで（!）、自分の好きなあらゆるチーズの山に囲まれた自分の姿を、細かいところまで思い描いたのだ。好きなチーズをあれこれ食べているところも想像して、楽しんだ。こんなふうに多くのものを味わえたらどんなに愉快だろう。

新しいチーズのイメージが明瞭になればなるほど、現実味をおびてきて、きっとみつかるという気がしてきた。

また、書きつけた——

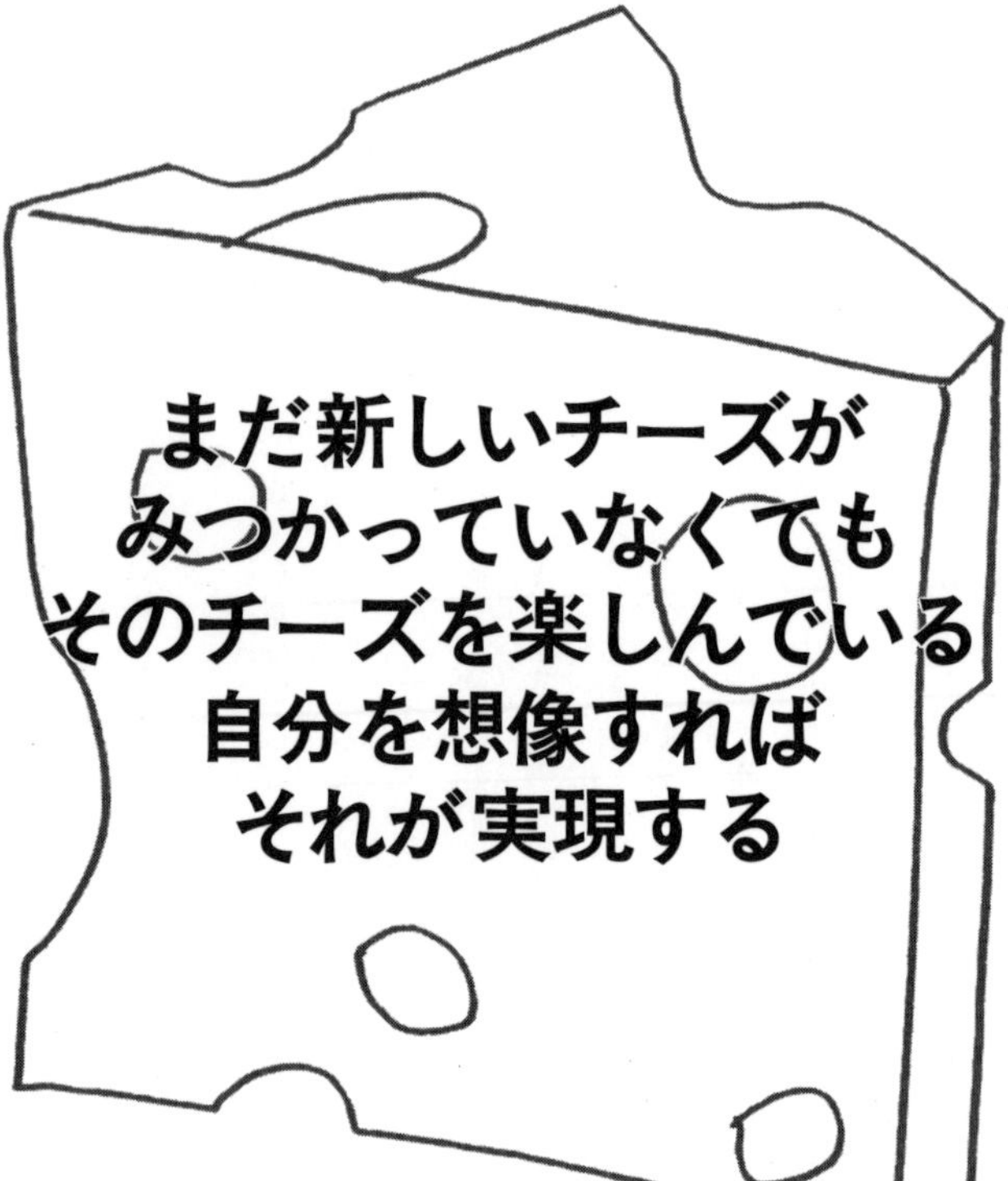

まだ新しいチーズが
みつかっていなくても
そのチーズを楽しんでいる
自分を想像すれば
それが実現する

ホーは、失ったものではなく手に入れるもののことを考えつづけた。

どうして変化は何かもっと悪いことをもたらすなどと思っていたんだろう。変化はもっといいものをもたらしてくれるのに。

「なぜもっと早くこうしなかったんだろう？」彼は思った。

それから、元気はつらつと機敏に迷路を走りまわった。まもなくあるチーズ・ステーションで立ち止まり、胸をおどらせた。入り口近くに、新しいチーズの小さなかけらがいくつかあったのだ。

見たことのないチーズだったが、すばらしいもののように見えた。かじってみると、とても美味だった。ほとんどを食べ、残りをポケットに入れた。あとで食べよう。ヘムにも分けてあげよう。また力がわいてきた。

わくわくしながら、チーズ・ステーションに入っていった。だが、意外にも中は空っぽだった。すでに誰かが食べつくしていたのだ。

もっと早く見切りをつけていれば、ここでたくさんのチーズをみつけることができたのに、と思った。

彼は引き返して、ヘムが一緒に出かける気になったかどうか確かめることにした。

戻る途中、立ち止まってこう書きつけた——

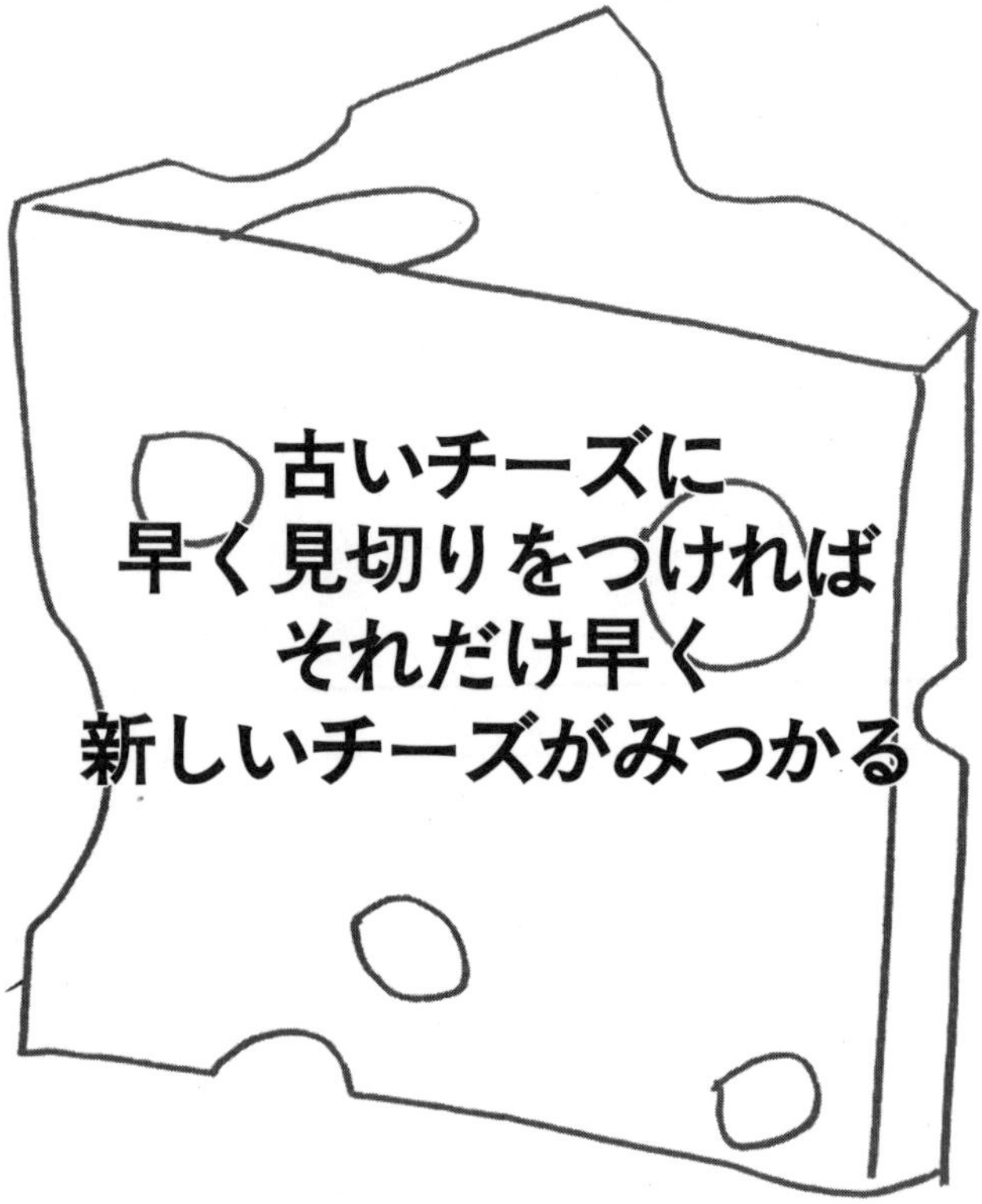

古いチーズに
早く見切りをつければ
それだけ早く
新しいチーズがみつかる

チーズ・ステーションCに戻ってみると、ヘムがいた。新しいチーズを差し出したが、ヘムは受け取らなかった。

ヘムは感謝しつつも、こう言った。「新しいチーズは好きじゃないような気がする。慣れていないから。私はあのチーズがほしいんだ。変える気はないよ」

ホーはがっかりして頭を振ると、のろのろとまた出かけた。これまでになく遠くまで来たところで、ヘムと一緒でないことが寂しくなったが、ひとつ悟ったことがあって、それが嬉しかった。自分を幸せにしてくれるのは、ただチーズを手に入れることではない、とわかったのだ。

もう恐怖にかられていないことが嬉しかった。現在やっていることが気に入っていた。いまはチーズがないままチーズ・ステーションCにとどまっていたときのような心細さはなかった。恐怖に身をすくめたりしてはおらず、新しい方向に進んだことがわかっただけで、元気が出て力がわいてきた。

いまや必要なものがみつかるのは時間の問題にすぎないと思った。事実、探していたものはすでにみつけていたのだ。

彼は微笑んだ。こう悟ったのだ――

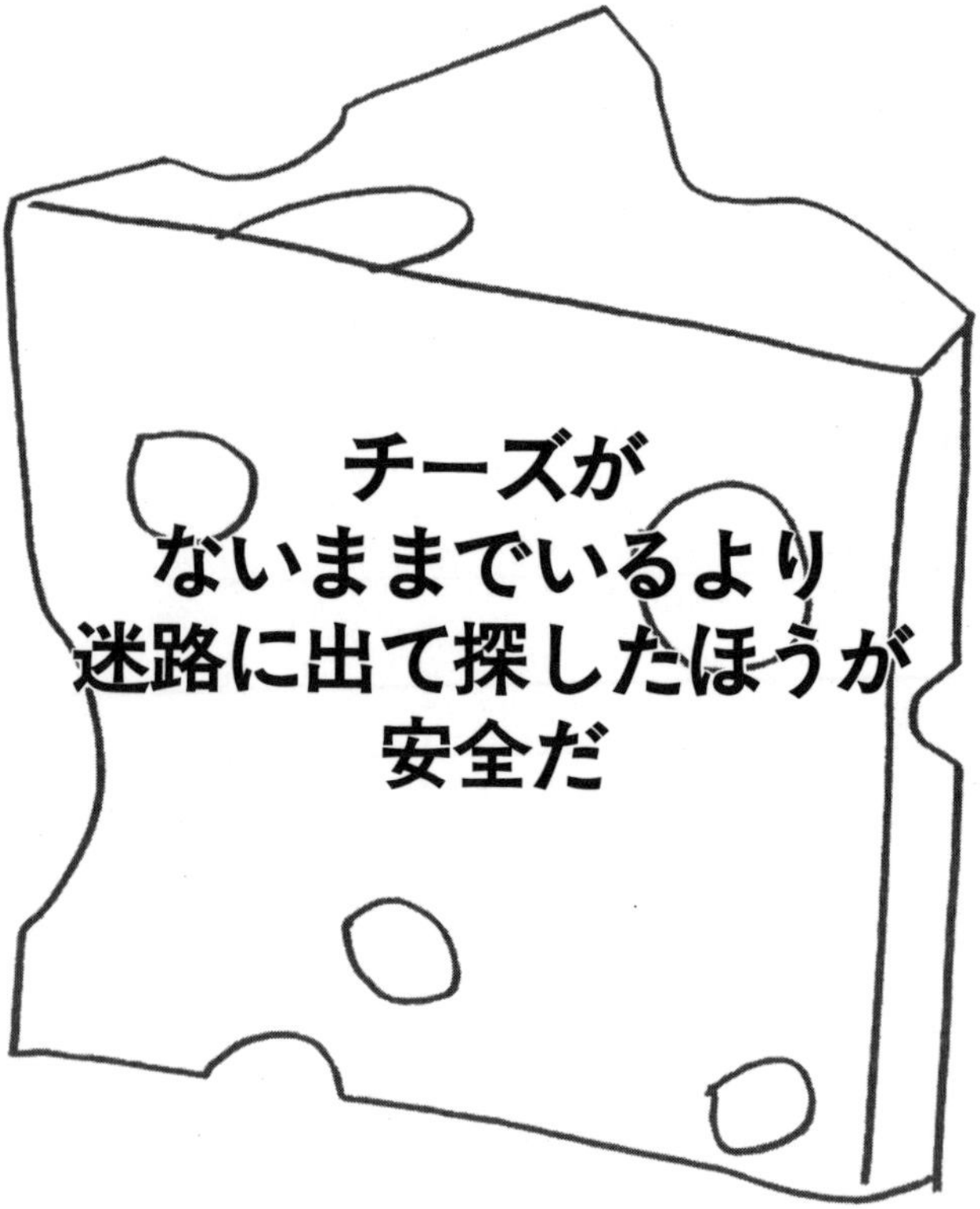

チーズが
ないままでいるより
迷路に出て探したほうが
安全だ

ホーはあらためて思った。人が恐れている事態は、実際は想像するほど悪くはないのだ。自分の心の中につくりあげている恐怖のほうが、現実よりずっとひどいのだ。

彼自身、新しいチーズがみつからないのではないかという恐怖から、探しに出かけようという気にすらなれなかった。しかし、出かけてみると、先に進むのに必要なチーズはみつけることができた。いまは、もっとみつかると予測しているし、先のことを考えるだけで、胸がおどる。

以前は不安と恐怖で思考力が鈍っていた。十分なチーズがみつからないのではないか、みつかっても望んでいるほど長くもたないのではないか、と思ったものだ。事態が好転すると思うより悪化すると思うことのほうが多かった。

だが、チーズ・ステーションCを出てからは、それが変わった。

以前は、チーズをもっていかれてしまうなんて間違っている、変化は間違っていると思っていた。

いまは、予期していようといまいと、つねに変化が起きるのは自然なことだとわかった。変化に驚くのは、予期したり期待したりしていないからだ。

ホーは立ち止まって、壁にこう書きつけた――

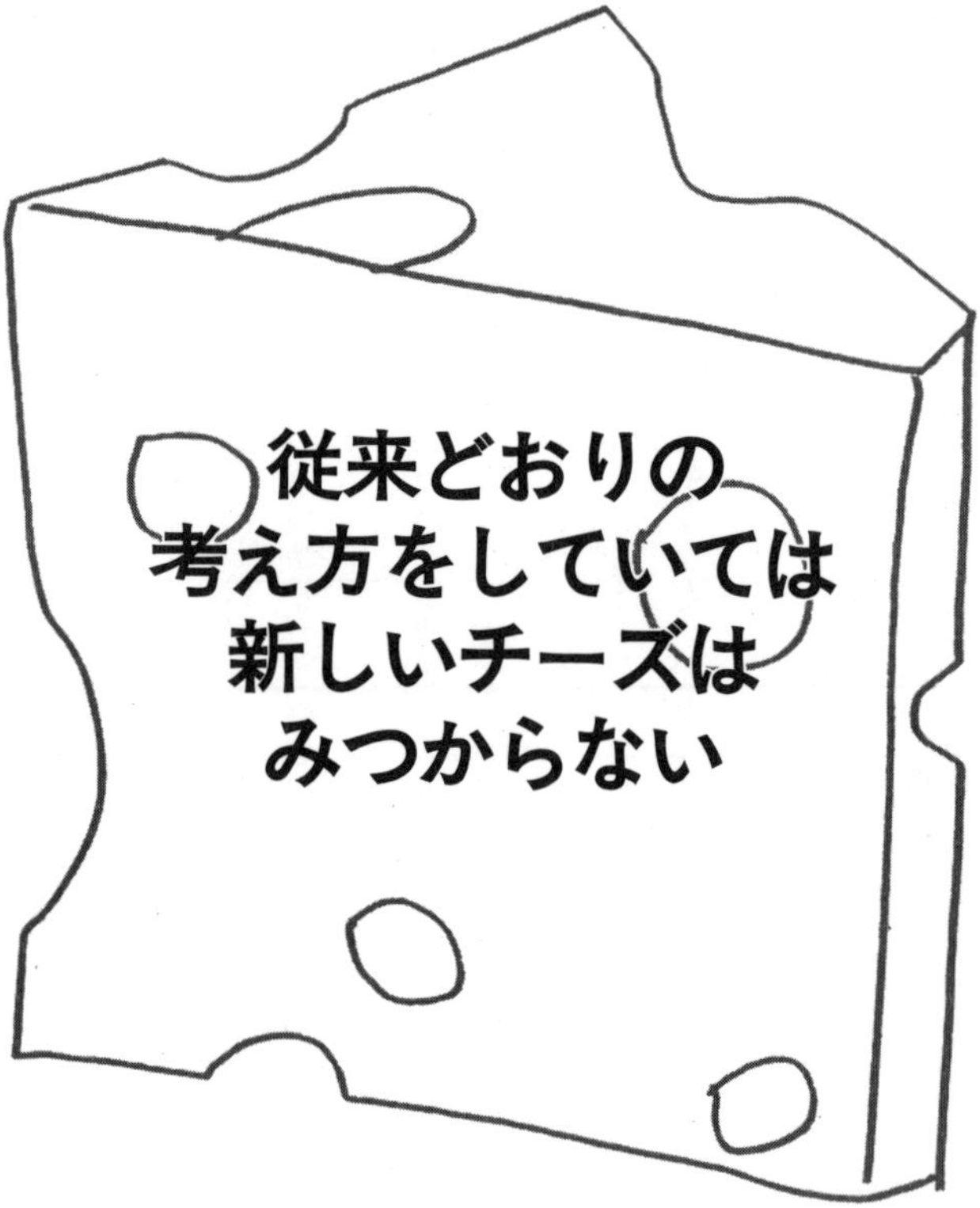
従来どおりの
考え方をしていては
新しいチーズは
みつからない

まだチーズはみつかっていなかったが、ホーは迷路を走りまわりながら、これまで学んだことを思い返した。

彼は、新しい考えが新しい行動にかりたててくれたことがわかっていた。彼の行動は、あのチーズのないステーションに通っていたときとは違っていた。

人は考えを変えると、行動が変わるのだ。

変化は害を与えるものだと考え、それに抗う人もいる。だが、新しいチーズをみつけられれば変化を受け入れられるようになる、と考えることもできる。

すべて、どう考えるかにかかっているのだ。

ホーは壁にこう書きつけた——

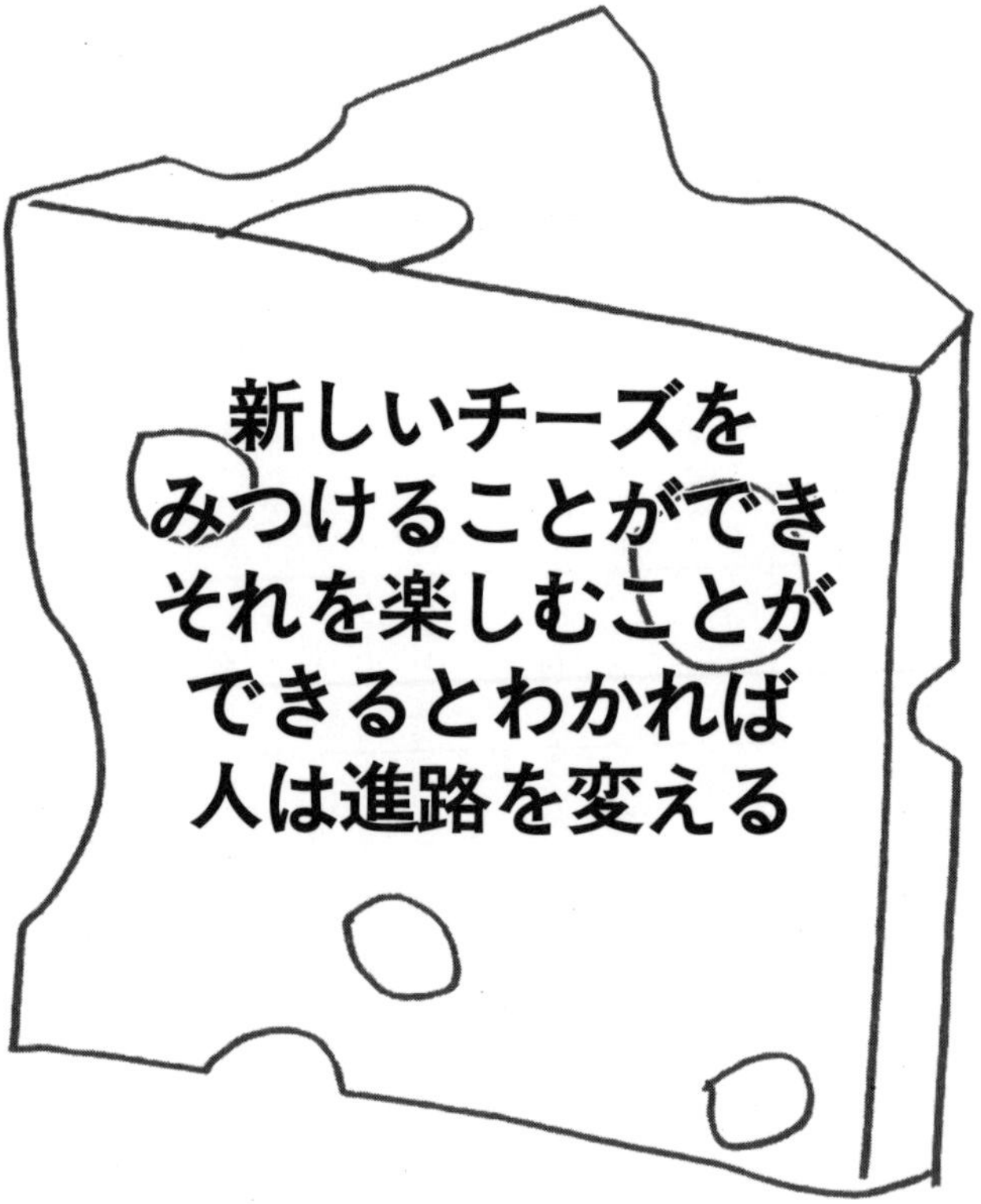
新しいチーズを
みつけることができ
それを楽しむことが
できるとわかれば
人は進路を変える

ホーは、もっと早く変化に対応し、もっと前にチーズ・ステーションCを出ていれば、いまごろはいろんなことがもっと好転していただろうと思った。精神的にも肉体的にももっと強健で、新しいチーズを探すという難題にもうまく対処していただろう。実際、変化を予期していれば、いまごろは新しいチーズをみつけていただろう。なのに、変化が起きたことを認めようとしないまま時間を浪費していたのだ。

彼は再び新しいチーズをみつけ、味わっているところを思い描いた。それから新しい地域へ進んでいき、まもなくあちこちで小さなチーズのかけらをみつけ、気力と自信を取り戻した。

これまでのことを振り返ると、多くの場所に文句を書きつけてよかったと思う。もしヘムがチーズ・ステーションCを出てきたら、きっとあれを目印にして後を追ってきてくれるだろう。

彼は自分が正しい方向に進んでいることを願うばかりだった。そして、ヘムはあの壁の手書きの文句を読み、何とか前進してくれるだろうか、と思った。

ホーはまた考えたことを書きつけた――

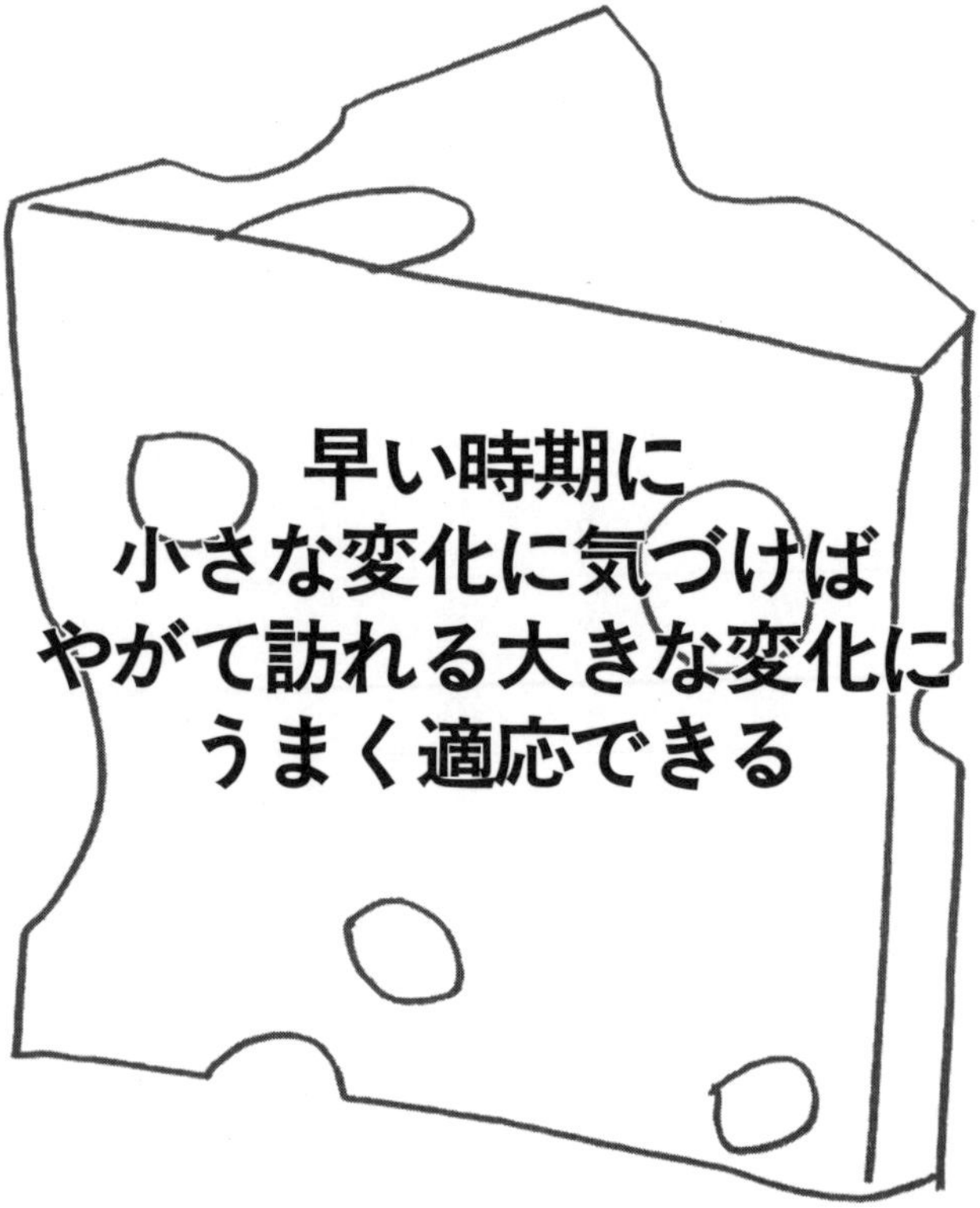
早い時期に
小さな変化に気づけば
やがて訪れる大きな変化に
うまく適応できる

ホーは過去を捨てさり、いまは現在に適応していた。

いっそう力強く速いスピードで迷路を進んでいった。まもなく、それが起こった。

永遠に迷路を走りまわらねばならないのかと思いかけたとき、彼の旅は——少なくとも旅のこの部分は——ふいに喜ばしい結末を迎えたのだ。

これまで通ったことのない通路を進んでいき、角を曲がったところで、チーズ・ステーションNと新しいチーズをみつけたのである!

中に入った彼は、そこにあったものに驚いた。あたり一面に、見たこともないほど大量のチーズがうずたかく積まれていたのだ。その全部がわかったわけではない。初めて見るチーズが何種類かあったから。

しばらくは現実なのか幻想なのかわからなかった。だが、旧友のスニッフとスカリーの姿を目にしてはっきりわかった。

スニッフは歓迎して彼にうなずいてみせ、スカリーは手を振った。ネズミたちのでっぷりした小さなおなかが、彼らがかなり前からここにいたことを物語っていた。

ホーは急いで挨拶《あいさつ》を返すと、自分の好きなチーズすべてにかじりついた。ランニング・シューズを脱いで紐を結ぶと、いざというときのために首にかけた。スニッフとスカリーが笑い声をあげ、それから賞賛するようにうなずいてみせた。ホーは新しいチーズにとりかかった。おなかがいっぱいになると、新鮮な一片を掲げて乾杯のしぐさをした。「変化、ばんざい！」

新しいチーズを楽しみながら、彼はこれまでに学んだことを思い返してみた。

変化を恐れていたときは、古いチーズの幻想にしがみついていた。すでになくなってしまっていたのに。

そんな彼を変えたのは何だったのか？　餓死するという恐怖か？　実際そのおかげだったのだと思って、ホーは笑みを浮かべた。

彼は苦笑した。私は、自分と自分の行動がばかばかしく思えるようになったとたん、変わりはじめたのだ。自分が変わるには、自らの愚かさをあざ笑うことだ。そうすれば見切りをつけ、前進することができるのだ。

また、前進することに関しては、仲間のネズミたちのスニッフとスカリーから有益なことを学んだ。彼らにとって、人生はつねに単純だ。事態をどこまでも分析しようとして、物事を複雑にしたりはしなかった。状況が変わってチーズがどこかへ消えてしまうと、自分たちも変わってチーズを探しに出かけたのだ。それを覚えておこう。

ホーはすぐれた頭脳を使ってネズミたちよりうまくやろうと考えたのだった。

彼は何かもっといいものを——もっとずっといいものを——みつけている自分を詳細に思い描いた。

これまで犯した過ちを振り返り、将来の計画に生かそうと思った。人は変化に対応することができるようになるのだ。それは——

物事を簡潔に捉え、柔軟な態度で、すばやく動くこと。

問題を複雑にしすぎないこと。恐ろしいことばかり考えて我を失ってはいけない。

小さな変化に気づくこと。そうすれば、やがて訪れる大きな変化にうまく備えることができる。

変化に早く適応すること。遅れれば、適応できなくなるかもしれない。

最大の障害は自分自身の中にある。自分が変わらなければ好転しない——そう思い知らされた。

おそらくもっとも大事なことは、つねに新しいチーズがどこかにあるということだ。その時点ではそう思えなくても。そして、恐怖を乗り越え、冒険を楽しむなら、報いはあるということだ。

確かに、恐怖をおろそかにしてはいけない場合もある。本当に危険なことから遠ざけてくれることがあるからだ。だが、ホーがいだいていた恐怖は大部分が理屈に合わないもので、そのために変わるべきときに変わることができなかったのだ。

変化は、災難に見えても結局は天の恵みだった。よりよいチーズをみつけるよう仕向けてくれたのだから。

それに、自分の長所に気づくこともできた。

ホーは自分が学んだことを思い起こし、友人のヘムのことを考えた。ヘムは私があちこちに書きしるした文句を一つでも読んでくれただろうか？

ヘムは見切りをつけ、前進する気になってくれただろうか？　もう迷路に足を踏みだし、もっといい人生にしてくれるものをみつけただろうか？

ホーはもう一度チーズ・ステーションCに引き返して、ヘムがいるかどうか確かめようかと思った。一応、またここに戻ってくることができるとしてだが。もしヘムがまだいたら、苦境を脱する方法を示すことができるだろう。しかし、すでに一度、彼を変えようとしたことがあったのを思い出した。

ヘムは自分で道を見いださなければならないのだ。居心地のよさから抜け出し、恐怖を乗り越えて。誰も彼に代わってそうすることはできないし、彼を説得してそうさせることもできない。当人が自分が変わることの利点に気づくしかないのだ。

ホーは彼のために目印を残してきた。彼があの壁にしるした文句を読めば、前進することができるはずだ。

ホーは自分が学んだことをよく検討し、チーズ・ステーションNの一番広い壁にその要点を書きつけた。そして、それを囲むように大きなチーズを描くと、にっこりした――

変化は起きる
チーズはつねにもっていかれ、消える

変化を予期せよ
チーズが消えることに備えよ

変化を探知せよ
つねにチーズの匂いをかいでいれば、古くなったのに気がつく

変化にすばやく適応せよ
古いチーズを早くあきらめれば
それだけ早く新しいチーズを楽しむことができる

変わろう
チーズと一緒に前進しよう

変化を楽しもう！
冒険を十分に味わい、新しいチーズの味を楽しもう！

進んですばやく変わり
再びそれを楽しもう
チーズはつねにもっていかれる

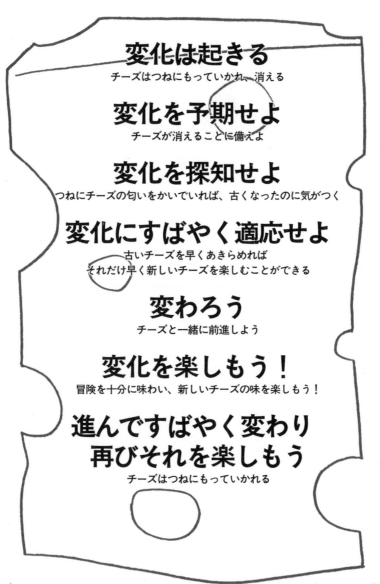

ホーは、ヘムと一緒にチーズ・ステーションCにいたときから見るとずいぶん遠くまで来たものだと思った。だが、安心しきっていると簡単に事態が悪化することもわかっていた。毎日、チーズ・ステーションNを点検し、自分のチーズの状態を確認した。予期せぬ変化に驚くことがないよう、できることは何でもするつもりだ。

チーズはまだたくさんあったが、ホーはしばしば迷路に出ていき、新しいエリアを探索して、つねに周囲で起きていることに注意していた。どんな選択肢があるのか知っていたほうが、居心地のいい自分の居場所に閉じこもっているより安全だとわかっていたからだ。

やがて、外の迷路で何かが動く音が聞こえた。音が大きくなり、誰かが近づいてきたのがわかった。

ヘムがやってきたのだろうか？　彼が角を曲がろうとしているのか？

ホーは祈りの言葉をつぶやいた。これまで幾度となく願ったことだが、ついに旧友がやってきたのでありますように……

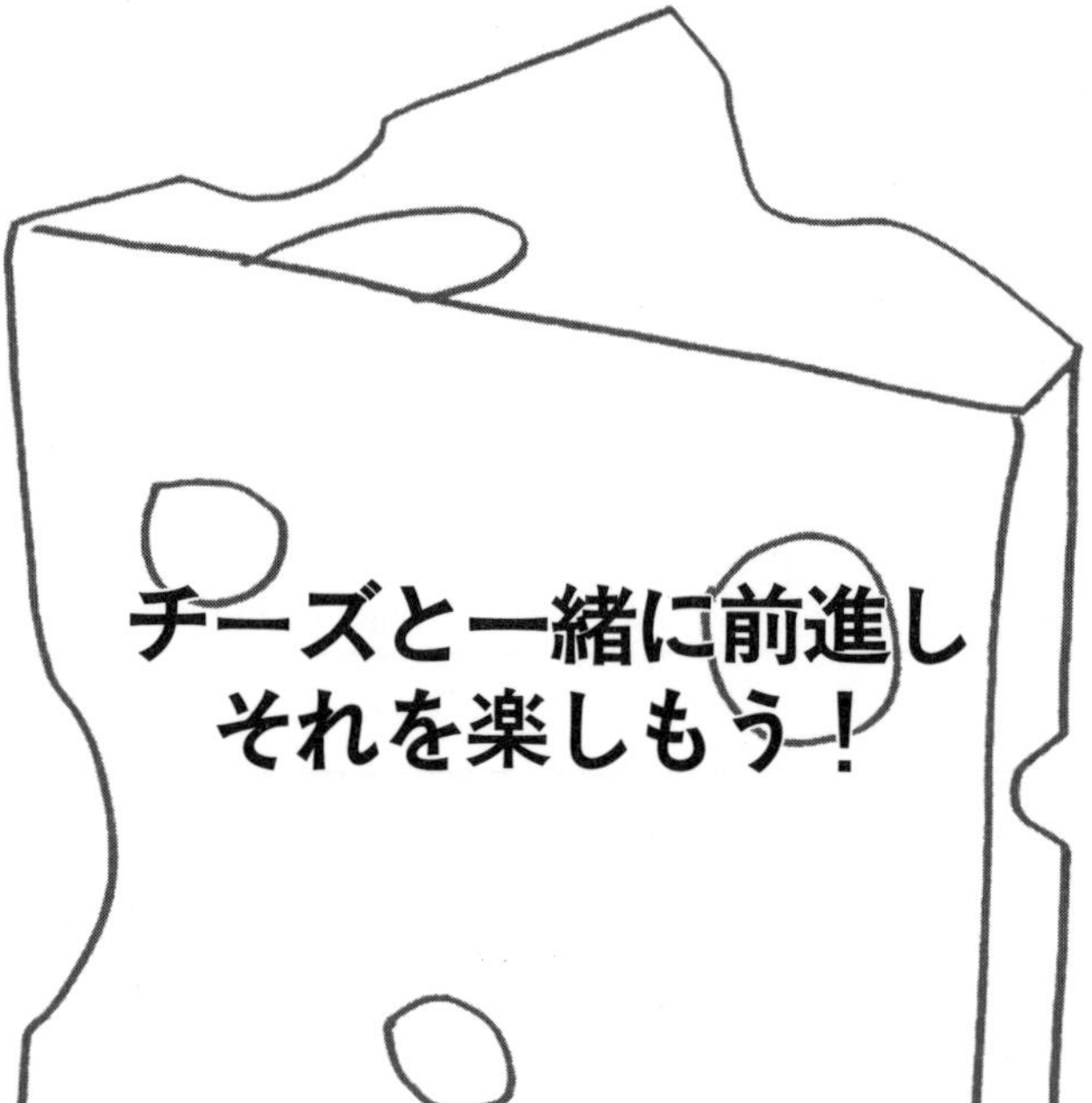

終わり

（いや、ここから始まるのかもしれない）

ディスカッション　その夜

マイケルが物語を話しおえ、部屋を見まわすと、かつてのクラスメートたちが微笑んでいた。

数人が感謝の言葉を口にし、物語から多くのことを学んだと言った。

ネイサンがみんなに聞いた。「あとでまた集まって、話し合ってはどうだろう?」

ほとんどが同意し、あとで夕食前の一杯をやりに集まることになった。

その夜、あるホテルのラウンジに集合した彼らは、さっそくそれぞれ自分の「チーズ」をみつけることについて、また自分が迷路にいることについて、冗談を言い合った。

やがて、アンジェラがなにげない口調で聞いた。「それじゃ、あなたたちは物語の誰にあてはまる？　スニッフ、スカリー、ヘム、ホーのうちの誰に？」

カーロスが答えた。「あれからずっとそれを考えていたんだ。まだぼくがスポーツ用品販売のビジネスを始める前、厳しい変化に見舞われたことを思い出すよ。

ぼくはスニッフじゃなかった。つまり、早くに事態に感づかなかったし、変化にも気づかなかった。そして、スカリーでもなかった。すぐに行動を起こさなかった。

どっちかというとヘムに近かったろうね。慣れ親しんだテリトリーにいつづけようとしたんだから。だけど、本当は、変化に対処したくなかったんだ。目をふさぎたかったくらいだ」

マイケルはカーロスと親友だった高校時代に戻ったように感じながら、聞いた。「どういうことだい？」

カーロスは言った。「仕事上の予期せぬ変化だ」

マイケルは笑った。「首になったんだな？」

「まあ言ってみれば、新しいチーズを探しに出かけようとはしなかったんだよ。自分がそんなことになるわけがないと思ってた。だから、そのときはひどく動転したよ」

初めは静かだったほかの人たちも、しだいにくつろいで、遠慮なく話すようになった。軍隊に入ったフランクが言った。

「への話で、ある友人のことを思い出したよ。そのころ彼の部署がなくなりかけていたんだが、彼はそれを認めようとしなくてね。同僚はどんどんほかの部署へ移っていった。ぼくらは、ほかへ移ってやる気になればまだチャンスはたくさんあると説得しようとしたが、彼は自分が変わる必要があるとは思わなかった。とうとう部署が廃止されて驚いたのは彼だけだった。思いがけない変化に適応しようとして、いま苦しんでるよ」

ジェシカは言った。「私も自分にそんなことが起こるとは思わなかったけど、『チーズ』が消えたことが一度ならずあったわ。特に私生活で。でも、後になって気づくのよね」

みんな笑い声をあげたが、ネイサンは笑わなかった。

「たぶんそれがポイントなんだ」とネイサン。「変化は誰にも訪れる」

彼はつづけた。「ぼくの家族がこの物語を知っていたらと思うよ。残念ながら、うちのビジネスに変化が訪れたのを認めようとしなかった。いまはもう手遅れで、多くの店舗を閉鎖せざるをえなくなっている」

みんな驚いた。運のいいことにネイサンのビジネスは長年、安泰だと思われていたのだ。

「何があったの?」ジェシカが聞いた。

「取り扱い商品が多くて低価格の大型店ができて、うちのような小さな店舗のチェーンは急に時代遅れになってしまったんだ。とても太刀打《たちう》ちできなかった。

いま思うと、ぼくらはスニッフとスカリーのようじゃなくて、ヘムのようだった。それまでいた所にとどまって、変わらなかった。起きていることを無視しようとしたため、いま困ったことになっている。ホーから一つ二つ教えを受けたかったよ——自分たちを笑うことも、やっていることを変えることもできなかったのだから」

ローラは大いに活躍しているビジネスウーマンだが、ここまでみんなの話を聞いているだけで、ほとんどしゃべっていなかった。「私もずっとこの物語のことを考えてたわ。どうすればホーのようになれるのか、どうすれば間違ったことをしていることに気づくのか。つまり、どうしたら自分を笑えるようになるのか。自分が変わってもっとうまくやるにはどうすればいいいか」

彼女はつづけた。「私、知りたいんだけど、変化を恐れている人はどのくらいいる?」

誰も答えなかったので、また言った。「手をあげてくれないかしら?」

手が一つあがった。「なるほど、正直な人は一人しかいないようね！」彼女はそう言ってつづけた。「こう尋ねたほうがよさそうね。自分以外の人は変化を恐れていると思う人は？」全員が手をあげた。みんな笑いだした。

「これはどういうことかしら？」

「自分では認めないということだ」ネイサンが答えた。

「そのとおりだ」マイケルが言った。「自分では気づいてすらいないということもある。ぼく自身は恐れていないことがわかっているが。ぼくが気に入ったのは、『もし恐怖がなかったら、何をするだろう？』という問いだ」

ジェシカがつけくわえた。「私がこの物語から得た教訓は、変化はあらゆるところで起きているのだということと、早急に対応すればうまくやれるということだわ。

何年も前、うちの会社が二十冊を越える百科事典をセットにして売っていたときのことだけど。ある人が、事典の内容を一枚のディスクに入れて、いまの何分の一かの価格で販売するべきだと言い出したの。そうすれば、改訂ももっと簡単にできるし、製造コストもずっと少なくなり、もっと多くの人が買えるようになるわ。でも、私たちは反対した」

「どうして？」ネイサンが聞いた。

「私たちのビジネスを支えているのは、訪問販売をする大勢の販売員だと考えていたからよ。販売員がとどまっているのは、高額商品を売って高額の手数料が得られるからだった。会社は長年それでうまくいっていたし、将来もずっとそうやっていけるだろうと思っていたの」

ローラが言った。「物語の中でヘムとホーが成功におごっていたのと同じことね。彼らは以前は役立っていたことも変えなければならないことに気づいていなかった」

「君たちはその古いチーズを自分たちだけのものだと思っていた」とネイサン。

「そう。それにしがみついていたの。

私たちに起きたことを振り返ってみると、『チーズがどこかに消えてしまった』ということだけじゃなく、『チーズ』自体に寿命があって、いつかは尽きるのだということがわかるわ。

ともかく、私たちは変わらなかった。でも、競争相手は変わり、わが社の売上は激減した。私たちには厳しい状況がつづいてるわ。現在、この分野でまた一つ大きな技術革新が起きているけど、会社では誰も手を打とうとはしていない。それでいいとは思えないけど。私、近く辞《や》めるかもしれないわ」

「迷路に踏み出すときだ！」カーロスが叫び、みんな笑った。ジェシカ自身も。

カーロスはジェシカの方を向いた。「自分を笑えるのはいいことだ」

フランクも言った。「ぼくがこの物語から学んだこともそれなんだ。ぼくは自分のことを深刻に考えすぎるきらいがあってね。ホーは自分と自分の行動を笑えるようになってから、どんなに変わったことか。彼がホー（笑うの意）と呼ばれたのも当然だ」

そのシャレにみんな、ぶうぶう言った。

アンジェラが尋ねた。「ヘムも変わって、新しいチーズをみつけたと思う？」

エレインが言った。「そう思うわ」

「ぼくはそうは思わないな」コーリーが言った。「なんとしても変わらない人もいる。そういう人はその報いを受ける。ぼくの患者の中にもいるよ。自分の『チーズ』は絶対安全だと思ってる人が。で、それをなくすと裏切られたように感じ、ほかの人のせいにする。そういう人は、見切りをつけて先に進む人に比べて、ずっと病状が悪くなる」

やがてネイサンが、まるで自分に言い聞かせるように静かに言った。「問題は、『何を見切り、どこへ進むべきか？』ということだと思う」

誰も何も言わなかった。

「確かにぼくは――」ネイサンは言った。「ほかの地域の店で何が起きているかわかっていたが、こっちに影響が及ばないことを願っていたんだ。思うんだが、変化に反応し適応しようとするよりもっといいのは、できるうちに自ら変化を起こすことじゃないかな。たぶん、自分で自分のチーズをなくしてしまうべきなんだよ」

「どういうことだ？」フランクが聞いた。

ネイサンは答えた。「もしわが社が全店舗の地所を売却して、一つの巨大な新しい店を建ててあの大型店に対抗していたら、いまどうなっていただろうと考えないではいられないよ」

ローラが言った。「ホーが壁に書いた『冒険を十分に味わい、チーズと一緒に前進しよう』は、そういう意味だと思うわ」

フランクが言った。「変えてはいけないものもあるんじゃないかな。たとえば、ぼくは自分の基本的な価値観は大事にしたい。でも、ぼくがもっと早く『チーズ』とともに動いていたら、もっと裕福になっていたと思うけどね」

「ねえ、マイケル、確かにこれはすばらしい物語だよ」クラスの懐疑派だったリチャードが言った。「だが、きみの会社にこれをどう生かしてるんだい?」

みんなは知らなかったが、リチャード自身、何度か変化を経験していた。最近では、妻と別れ、仕事と十代の子どもたちの養育を何とか両立させようとしていた。

マイケルは答えた。「ぼくの仕事は日々もちあがる問題をただ処理することだと思っていた。先のことを考え、会社がどういう方向へ向かっているのか注意すべきだったのに。そう、ぼくは問題を処理したよ、一日二十四時間。ぼくはあまり面白みのない人間だった。愚かな競争をしていて、そこから逃れることができなかった」

ローラが言った。「みんなを引っ張っていかなきゃならないのに、仕事の管理ばかりやってたわけね」

「そうなんだ」とマイケル。「それでも、この物語を聞いて、ぼくの仕事は『新しいチーズ』像を描くことだ、と悟ったんだ。みんなが追い求めたいと願い、仕事でも人生でも、変化を楽しみ、繁栄を享受することができるような『新しいチーズ』像をね」

ネイサンが聞いた。「それで、どんなことをやったんだい?」

「社員たちに自分は物語の中の誰にあてはまるか尋ねてみると、四つのキャラクターがみなそろっていることがわかった。スニッフたち、スカリーたち、ヘムたち、ホーたち、それぞれに異なる対応が必要だというわけだ。

スニッフたちは市場のチャンスをかぎつけることができたから、わが社のビジョンを刷新するのに手を貸してもらった。彼らは、変化が顧客が望んでいる新しい製品やサービスをもたらすことになるということを悟り、はりきったよ。スニッフたちはそれが気に入って、変化を認識しうまく適応している職場で働けるのが嬉しいと言ってくれた。

スカリーたちは物事を処理していくのが得意だから、はりきって行動を起こしてくれた。新しいビジョンに基づいてね。おかげでわが社は『新しいチーズ』を得ることができ、彼らには報奨を与えた。行動と成果を評価してくれる会社で働けるのがありがたいと言ってくれたよ」

「ヘムたちとホーたちは?」アンジェラが尋ねた。

「残念ながら、ヘムたちはみんなの足を引っ張ることになった」マイケルは答えた。「彼らは安住しすぎるか変化を恐がりすぎるか、どっちかだった。私たちが描いた賢明なビジョンによって、変化がいかに自分たちに有利かがわかって、変わる者もいたが。

ヘムたちは、安全なところで働きたい、だから変化は意味があり、いっそう安心感を高めてくれるものでなければならない、と言った。変わらないことのほうが実際に危険なのだとわかった人は、変わったし、よくやってくれた。ビジョンがヘムたちをホーに変えてくれたわけだ」

「変わらなかった人に対してはどうしたんだ?」フランクが知りたがった。

「辞めてもらうしかなかった」マイケルは悲しげに言った。「全員にいてもらいたかったんだが。だけどわが社が早急に変わらなければみんなが困ったことになるのがわかっていたからね」

彼はつづけた。「よかったのは、最初は乗り気でなかったホーたちが、思いこみを捨てて新しいことを学び、態度も変わって、順応してわが社の成功に手を貸してくれたことだ。彼らは変化を予想し、積極的にそれを求めるようになった。彼らは人間性というものがわかっていたから、全員にとって十分意味のある現実的な『新しいチーズ』のビジョンを描く手助けをしてくれたよ。

彼らは、変化に対する自信と方策を与えてくれる会社で働きたい、と言った。それに彼らのおかげで、ユーモアのセンスを失わず『新しいチーズ』を追い求めることができたよ」

リチャードが発言した。「そういうことをみんなこの物語から得たのかい？」

マイケルはにっこりした。「そうじゃないけど、僕らがやったことは物語から得たことがもとになっている」

アンジェラが言った。「私はちょっとヘムに似てると思う。だから、この物語で一番印象的だったのは、ホーが恐怖を乗り越えて、心の中で『新しいチーズ』をみつける自分をイメージする場面だった。それで彼は迷路を進むのがあまり怖くなくなって、楽しくなり、最終的に多くのものを手に入れた。私ももっとそういうふうにならなくちゃと思うの」

フランクが笑みを浮かべた。「ヘムたちでさえ変化の有利さに気づくことがあるんだ」

キャロルが笑い声をあげた。「仕事を失わないことの有利さと同じようにね」

アンジェラも言った。「またはかなりな昇給」

眉をひそめて聞いていたリチャードが言った。「ぼくの上司は、わが社は変わらなければならない、とずっと言ってきた。それは、ぼくが変わらなければならない、ということだったんだ。だが、ぼくは耳を貸そうとしなかった。彼女がぼくらを向かわせようとした『新しいチーズ』が何なのか、どうすればそこから利益を得られるのか、ぼくはわかっていなかったんだと思う」

彼の顔にかすかな笑みがよぎった。「『新しいチーズ』に気づいて、自分がそれを味わっているところをイメージするというのは、確かにいいね。目の前が明るくなる。恐怖がうすれ、変化を起こそうという気になる」

「わが家にも応用できそうだ」彼はつけくわえた。「子どもたちは生活が変わるのがいやなようだ。ヘムと同じだ、つまり憤慨しているんだ。たぶん将来が不安なのだろう。あの子たちにはっきりした『新しいチーズ』像を描いてやれなかったということだろうね。ぼく自身、よくわかっていなかったんだと思う」

みんなシーンとなった。自分の家族のことを振り返っている人もいた。

「あのね」ジェシカが言った。「みんな仕事のことばかり言ってるけど、私はこの物語を聞いて、自分の私生活を考えてみたわ。私たちの仲は、かなりひどいカビがはえてる『古いチーズ』になっているみたい」

コーリーもわかるよと言うように笑い声をあげた。「ぼくもそうだ。だめになった関係に見切りをつけるべきなんだろうね」

アンジェラが反論した。「もしかしたら、『古いチーズ』は、これまでの行動を意味しているのかもしれないわ。本当に捨てる必要があるのは、関係を悪化させている行動なのよ。そうして、よりよい考え方、ふるまい方をするようにすべきなんだわ」

「まいった！」コーリーは言った。「そのとおりだよ。新しいチーズというのは、同じ相手との新しい関係のことなんだ」

リチャードが言った。「ぼくが考えてた以上のものがありそうな気がしてきたよ。関係に見切りをつけるのではなく、これまでの行動を改めるという考えは気に入った。ふるまいが変わらなければ、結果も変わらない。

ぼくは仕事を変えるのじゃなく、自分の仕事のやり方を変えなければならなかったんだ。そうしていたら、いまごろはもっといいポジションについていただろうな」

ベッキー――ほかの町に住んでいるが、クラス会のために戻ってきていた――が言った。「みんなの話を聞いていて、私は自分自身を笑いたくなったわ。私、ずいぶん長いことヘムみたいだったの。ためらってばかりいて、変化を恐れていた。そういう人はたくさんいるのね。私、自分では気づかないで、子どもたちにもそう仕向けていたかもしれないわ。

考えてみると、変化は本当に人を新しいよりよいところに導いてくれるのね。その時点ではそうは思えなくても。

息子が高校二年生のときのことを思い出すわ。夫の仕事の都合で、イリノイ州からバーモント州へ引っ越すことになったの。友人たちと別れなければならなくなって、息子は動揺した。息子は水泳の花形選手だったけど、転校した高校には水泳チームがなかった。あの子は私たちに腹を立てたわ。

やがて、息子はバーモントの山々に魅了され、スキーをやるようになり、大学ではスキーサークルに入った。いまはコロラドで幸せに暮らしてるわ。

もし私たち家族がホット・チョコレートでも飲みながらこの物語のことを話し合っていたら、あんなに重圧を感じなくてすんだでしょうね」

ジェシカが言った。「私、家族にこの物語を話してきかせるわ。子どもたちに、私は登場人物のうちの誰にあてはまると思うか、また自分たちはどうか、尋ねるつもり。わが家の古いチーズは何だと思うか、新しいチーズとはどんなものか、話し合うことができると思うわ」

「いい考えだ」懐疑派のリチャードの言葉にみんな驚いた——当のリチャードさえも。

やがてフランクが言った。「ぼくはもっとホーを見習って、チーズと一緒に前進し、それを楽しもうと思う！ それに、軍を退役すること、その変化をどう受け止めればいいか不安に思っている友人たちにも、この物語を話してやるつもりだ。興味深い議論ができるだろう」

マイケルが言った。「そう、まさにそうやってわれわれはビジネスを好転させたんだ。われわれはチーズの物語から得たことと、それをどう自分の状況に応用できるかを話し合った。

すばらしかったよ。変化にどう対応すればいいかを楽しく話し合うことができたのだから。それにすこぶる効果的だった。特にそれが社内に浸透してからはね」

「どんなふうに？」ネイサンが聞いた。

「調べていくと、多くの社員が活力が低下していることがわかったんだ。上層部から変化を押しつけられた彼らは、当然ながら、変化が及ぼす影響を恐れていた。それで、変化に反発していた。

要するに、押しつけは抵抗にあうんだ。

だが、チーズの物語をみんなが読んで、変化に対する考え方が変わった。みんなが以前は恐れていたことを笑えるように、少なくとも微笑むことができるようになったし、先に進みたいと思うようになった。

もっと早くにこのチーズの話を聞いてたら、どんなによかったかと思うよ」

「どうして?」とカーロス。

「前にも言ったように、それまではとても変化に対処する余裕などなかったから、ビジネスは悪化して社員を解雇せざるをえなかった。いい友人たちまで。耐えがたいことだった。それでも、残った人は、それに会社を去った人もほとんどが、チーズの物語のおかげで事態を違った目で見、うまく対処することができるようになったと言ったよ。

新しい仕事を探さねばならなくなった人たちも、初めは大変だったが、あの物語が大いに役立ったと言ってた」

アンジェラが聞いた。「何が一番役立ったのかしら?」

マイケルは答えた。「一番よかったのは、発見されるのを待っている（！）新しいチーズがあることがわかったことだ、と言ってたね。

心の中に新しいチーズのイメージ――新しい仕事がうまくいくという――をもつことでいい気分になり、求職の面接もうまくいった、とも言ってた。いい仕事に就《つ》いた人が何人もいるよ」

ローラが聞いた。「会社に残った人たちはどう？」

「そうだね」マイケルは言った。「変化に不平を言うより、『チーズは消えてしまった。さあ、新しいチーズを探そうじゃないか』と言うようになった。大いに時間の節約になったし、ストレスも軽減された。

まもなく、抵抗していた人たちも変わることの利点に気づいた。変化を起こすのに手を貸してくれるようになったよ」

コーリーが言った。「なぜそうなったんだろう？」

「同僚のプレッシャーのようなものがあったんじゃないかと思う。

経営幹部から何かを変えると知らされた場合、どんなことが起こるだろう？　大部分の人が、変化は素晴らしいと言うだろうか、それとも好ましくないと？」

「好ましくない、と言うだろう」とフランク。

「そのとおり」とマイケル。「なぜだと思う？」

カーロスが言った。「現状維持を望むからだ。何かが変わることは自分にとって不利だと思うから。誰かが、変化は好ましくない、と言うと、ほかの人たちもそう言うんだ」

「そう、本当はそう思ってはいないかもしれない」マイケルは言った。「だが、人に合わせて同意する。それがどこの会社でも変化を阻む、同僚のプレッシャーなんだ」

ベッキーも言った。「親子の間でも同じことがいえるわ。でもそれで、チーズの話を聞いたあと、どう変わったの？」

マイケルはあっさり言った。「みんな変わったよ。ヘムのようだと思われたくなかったんだ！」

みんなが笑い声をあげた。

「みんな時代に先がけて変化をかぎとり、行動を起こしたいと思ったんだ。閉じこもっていて取り残されるよりもね」

ネイサンが言った。「それはいい。うちの家族もヘムのようだと思われたくはないはずだ。もしかしたら変わるかもしれない。どうしてこの前のクラス会のときにこの話をしてくれなかったんだ？　本当に役立つ話だと思うよ」

マイケルが言った。「そのとおりだ。むろん、もっともいいのは、組織の全員がこの物語を読むことだ、大企業でも、中小企業でも、家庭でも。みんなが変われば組織自体も変わらざるをえないからね」

それから彼はもう一つの出来事を話した。「われわれは取引をしたいと思っている人たちにもこの物語のことを教えたんだ。その会社も変化に対応しようとしていたからね。われわれは『新しいチーズ』になれるかもしれないと、つまり繁栄するためのいいパートナーになれるのではないか、と言ったんだ。結果、新しいビジネスが成立したよ」

この発言でジェシカはいくつかアイデアを思いつき、朝、仕事の電話があったことを思い出した。腕時計に目をやって言った。「私、そろそろこのチーズ・ステーションを出て、新しいチーズをみつけたほうがいいみたいだわ」

みんな笑い声をあげると、口々にさよならを言った。ほかの人たちも、話をつづけたかったがもう帰らねばならなかった。別れぎわ、みんなあらためてマイケルに感謝の言葉を述べた。

彼は言った。「この物語がためになるとわかってくれて嬉しいよ。ぜひ、ほかの人にも話してあげてほしいな」

訳者あとがき

子どもは物語が好きである。幼い頃、同じ物語を繰り返し読んだことはないだろうか。物語の登場人物のほうが周囲にいる現実の人間、家族や友だちや先生よりもずっと身近に感じられたことはないか。いまも心の奥深くでひそかに息づいている、自分だけのヒーロー、ヒロインがいるのではないか。そもそも人は基本的に物語が好きなのではないだろうか。なぜなのかはさておき、また物語の魅力もさまざまだろうが、しかし、人生観を変えてしまうような本というのは確かにあるし、たった一行の文章が目を開かせてくれて、この一行に巡り会うためにこの本を読んだのだという気になることだってあるだろう。

本書は最初に出版されたアメリカでも、ヨーロッパでも、非常に多くの人に読まれているという。著者スペンサー・ジョンソンは、ベストセラー『一分間マネジャー』などのビジネス書や寓話など数多くの作品を著し、多くの読者を獲得している（訳者もいくつか翻訳に携わらせていただいた）。彼の作品は、多くの人々に「単純な真実に気づかせてくれ、それによって人は豊かでストレスの少ない健全な生活を享受することができる」と原書にあるが、実際、巧みな筋立てについつい読み進んでいくうちに、頭ではわかっていることなのに、それどころかわかりきったことなのに普段は気にしないでいる「大事なこと」に、改めて気づかせてくれるのは確かである。

本書も中心部分の物語はごく単純だ。二匹のネズミと二人の小人がチーズを求めて右往左往するだけである。が、本書冒頭の登場人物にふれたところにあるように、四者が四様の性格をもち、四者四様の行動をする。それは私たちみんながもっている「単純さ」と「複雑さ」を象徴するものである。また、「チーズ」も、たかがチーズながら、この四者にとっては死活を制するものである。自分にとって死活を制するものを失ったとしたら……。本書に出てくるかつてのクラスメートたちのように、私たちも否応なく自分に重ねあわせて読んでいくことになるだろう。

なお、物語の登場人物の名前はそのまま使ったが、それぞれ次のような意味をもち、その人物を象徴するものとなっている。

スニッフ……においをかぐ、~をかぎつける

スカリー……急いで行く、素早く動く

ヘム……閉じ込める、取り囲む

ホー……口ごもる、笑う

●著者
スペンサー・ジョンソン（Spencer Johnson, M.D.）

医学博士、心理学者。心臓のペースメーカー開発にもたずさわる。

現在は、さまざまな大学や研究機関の顧問をつとめ、シンクタンクに参加する一方、著作活動を続けている。

その功績を認められ、ハーバード・ビジネス・スクールの名誉会員。

主な著書に、『1分間マネジャー』（共著）『1分間意思決定』『人生の贈り物』他、多数。

●訳者
門田美鈴（かどた　みすず）
翻訳家、フリーライター。
主な訳書に、スペンサー・ジョンソン『人生の贈り物』『1分間意思決定』、ハリー・デント『2000年　資本主義の未来』他、多数。

カバー・本文イラスト……長崎訓子
装丁 …………………………小栗山雄司

チーズはどこへ消えた？
発行日…………2000年11月30日　第１刷
　　　　　　　2001年２月25日　第11刷
著　者…………スペンサー・ジョンソン
訳　者…………門田美鈴
発行者…………中村　守
発行所…………株式会社　扶桑社
東京都港区海岸1-15-1　〒105-8070
Tel.(03)5403-8859（販売）　Tel.(03)5403-8869（編集）
http：//www.fusosha.co.jp/
印刷・製本……株式会社廣済堂
万一、乱丁落丁の場合はお取り替えいたします。

ISBN4-594-03019-X C0097
Printed in Japan（検印省略）
定価はカバーに表示してあります。